每个青少年都应该读的

# 中国历史故事

刘小健◎著

辽西夏金

辽宁人民出版社

**图书在版编目（CIP）数据**

每个青少年都应该读的中国历史故事 . 辽西夏金 /
刘小健著 . — 沈阳 : 辽宁人民出版社 , 2019.7
　ISBN 978-7-205-09583-3

　Ⅰ . ①每… Ⅱ . ①刘… Ⅲ . ①中国历史—辽金时代—
青少年读物 ②中国历史—西夏—青少年读物Ⅳ . ① K209

中国版本图书馆 CIP 数据核字 (2019) 第 075653 号

出版发行：辽宁人民出版社
　　　　　　地址：沈阳市和平区十一纬路 25 号　邮编：110003
　　　　　　电话：024-23284321（邮　购）　024-23284324（发行部）
　　　　　　传真：024-23284191（发行部）　024-23284304（办公室）
　　　　　　http://www.lnpph.com.cn
印　　　刷：北京海石通印刷有限公司
幅面尺寸：145mm×210mm
印　　张：7.5
字　　数：132 千字
出版时间：2019 年 7 月第 1 版
印刷时间：2019 年 7 月第 1 次印刷
责任编辑：赵维宁
装帧设计：末末美书
责任校对：吴艳杰
书　　号：ISBN 978-7-205-09583-3
定　　价：32.00 元

# 目录

## 金：女真族的第一次崛起

# 辽：
# 契丹人的辽阔梦想

# 契丹王朝的缔造者

　　辽太祖耶律阿保机小名"啜里只"，汉名"亿"。耶律阿保机对契丹族的发展起到了极其重要的作用，被视为契丹族的民族英雄。他以超群的谋略和卓越的政治才能完成了北方地区的统一，为北方少数民族的发展做出重大贡献。

## 契丹族的崛起

　　契丹族是我国北方少数的古老民族之一，属于东胡族系①，是东胡的鲜卑②支系。

　　北魏后期，契丹形成了古八部。古八部之间互不管辖，也没有什么联系，各部都独立地和北魏政府保持着朝贡关系。到了隋朝，

①东胡族系：曾活动在滦河中上游及其东北部一个较大的部落联盟，和匈奴一样，同样属于北方游牧民族。

②鲜卑族：是继匈奴之后在蒙古高原崛起的古代游牧民族，兴起于大兴安岭。

突厥势力扩张，并一直征讨各部族，契丹各部为防止突厥势力膨胀，开始互相联系、互相支援，便形成了初期较为松散的部落联盟。

唐朝末年中原混战，北方的汉族人纷纷逃到契丹地区躲避战乱。汉族人的先进生产力及先进技术对契丹的经济发展起到了较好的促进作用。在契丹八部中，迭剌部因离中原较近，所以发展最快，势力超过了其他七个部落。

迭剌部的夷离堇①一直由耶律氏家族世袭担任。这个家族从阿保机的八世祖耶律雅里重新整顿契丹部落联盟并担任夷离堇后，就进入了契丹社会的上层；并且从七世祖开始就掌握联盟的军权，地位仅次于联盟首领。

到阿保机的祖父匀德实担任迭剌部的夷离堇时，已经有了发达的牧业和农业。部落发展得很快，开始由氏族制度向阶级社会过渡。

阿保机出生的时候，契丹的贵族阶层正在为争夺联盟首领打得不可开交。阿保机的祖父匀德实在残酷的政治斗争中被杀害，父亲和叔叔伯伯们也都躲了起来。

阿保机的祖母对于刚出生的阿保机极其喜爱，同时又担心他被仇人加害，便把他藏在别处的营帐里，不让外人见他。

①夷离堇：部落的首长或联盟的军事首长。

# 青年猛将

遥辇氏联盟后期，三十岁的阿保机被推为迭剌部的夷离堇，掌握了联盟的军事大权，专门负责四处征战。

阿保机充分利用本部落的实力四处征伐，接连攻破室韦和奚人等部落；同时南下进攻掠夺汉族聚居区，俘获了一些汉人和大量的牲畜、粮食，使本部落的实力大增。

阿保机的伯父被杀后，阿保机继承伯父于越①的职位，独掌部落联盟的军政大权，地位仅次于可汗。

朱温灭唐建立后梁，阿保机也取代遥辇氏成为联盟的可汗。阿保机注重汉人，尤其喜欢汉人中的知识分子帮助他建立各种政治文化制度，因此促进了迭剌部的发展，也为阿保机以后称帝建立辽国奠定基础。

阿保机虽然是部落联盟的可汗，但是按照传统制度，可汗的位置要三年改选一次。汉人谋士对阿保机说，中原的帝王从来不改选，这使得阿保机不再愿意遵从旧制。所以，从他担任可汗的那天起，他就想在契丹建立帝制，并对内加强权力控制，对外军事扩张，进一步增强本部落的实力。

为取得更多的财富、树立更大的权威，阿保机积极征讨。他

①于越：地位仅次于可汗，高于夷离堇，掌握联盟的军事和行政事务，相当于中原王朝的宰相。

先后征服吐谷浑、室韦、乌古等部落，进而向南边的幽州和东边的辽东进攻。

他率领四十万军队大举南下，越过长城掠夺河东等地，一连攻下九郡，俘获九万五千多名汉人和无数牲畜。此后，他又出兵讨伐女真，俘获女真三百多户人口。

阿保机还曾率领七万兵与李克用在云州会盟，与李克用互换战袍和战马，又互赠马匹、金缯等物，两人因此结为兄弟。此后，阿保机在讨伐刘仁恭时攻陷数州，同样掠得大量的财物和人口。

这些通过战争掠夺来的财物，被阿保机视为耶律家族的财产，其家族的经济实力因此远远超过其他家族。随着阿保机的不断领兵和征讨，契丹的领土逐渐扩张到长城以北的大部分地区。

## 称帝建国

阿保机把内外的反对势力全部消灭后，便于公元916年自称"皇帝"，正式建国，国号契丹，建元神册。阿保机自称"天皇帝"，他的妻子述律氏称"地皇后"，长子耶律倍为"太子"。

阿保机称帝后，想建立一个南到黄河、北至漠北的北方大国。正巧北方的军阀们也想利用强大的契丹为自己捞得好处，新州将领卢文进举兵投奔契丹，向后梁发起战争。

于是，阿保机和卢文进一起攻打新州和幽州，击败周德威，将幽州城围攻了将近二百天。这场围攻，由晋军李嗣源的援兵到达、阿保机被迫撤兵而告终。

不久，阿保机二次南下中原，和李存勖①在沙河及望都一带交战。这一次，阿保机赶上了一场一连下了数十天的大雪。积雪厚达数尺，契丹兵马粮草奇缺，伤亡很大，阿保机只好撤退。

接连两次失败，阿保机只能调整战略方向，改由西北和东北进攻，并亲自征讨党项、阻卜等部落。阿保机向北到达乌孤山，还抓获了回鹘都督毕离遏，回鹘乌主可汗只得派使臣纳贡谢罪。

此后，阿保机又集中全部兵力攻下渤海国的西部重镇扶余城，围攻首都忽汗城，致使渤海国国君不得不率领几百名大臣弃城投降。阿保机由此统一了渤海全境。

---

①勖：xù。

### 契丹人集体失踪

辽统治中国北方二百多年后，因天祚帝的昏暗统治，引发女真族的强烈反抗。公元 1125 年，女真族首领完颜阿骨打率领大军灭辽，建立大金国。强大的契丹族开始分崩瓦解，大部分契丹人或投降或被俘，成了大金国的属民。此外，还有两批契丹人在辽灭亡后向北逃离，其中一批是耶律大石所率领的二百铁骑；另一批则是耶律敌列等人率领的一千多名契丹人。但是，耶律敌列等人率领的一千多名契丹人北走沙岭（今地不可考）后下落不明。

现存的《辽史》除了澶渊之盟、石敬瑭割让燕云十六州并自称儿皇帝等有关契丹的历史片段外，对契丹的记载基本没有。这个民族究竟去了哪里？史学界和考古界至今没有人说得清楚。

# 神秘的契丹文字

契丹文字一直被视为历史之谜。自 20 世纪 90 年代以来，有关契丹文字的资料大量出土。契丹大字墓志、契丹小字墓志、哀册等碑刻出土已达三十多件，还有大量载有契丹文字的钱币、印章、铜镜、符牌和洞穴墨书等资料也相继被发现，为研究契丹文字工作提供了一定的线索。但是，如何彻底破译契丹语言，却还有很长的路要走。

## 契丹文字的起源

契丹在创造民族语言和文字时，其元字 ①以汉字的构造为基础。与日本的片假名用汉字的偏旁、部首不同，契丹文字的元字只采用了汉字的"横、竖、撇、捺"。金朝灭辽后，契丹文字仍在继续使用，

①元字：最小的音符。

并在女真人创造文字的过程中起了很大作用。

契丹大字创制于公元 920 年，是辽太祖耶律阿保机下令由耶律突吕不和耶律鲁不古参照汉字创制，应有三千余字。契丹大字由一个或几个横竖撇捺的元字构成，因元字的字数从一个到三个不等，所以拼写和释读起来十分不便，于是又有了契丹小字。

契丹小字是由耶律迭剌受回鹘文①启发，对大字加以修改而成。契丹小字为拼音文字，约有五百多个发音符号，比大字简便。小字的原字虽少，却能把契丹语言全部贯通。但契丹文字和汉字语系、语序、句式等都不相同；词头、词尾，也不能与汉字完全对应。

契丹文字颁布后，立刻在辽境内广泛使用。由于契丹境内的汉族人都使用汉文，所以契丹文字只能通行于契丹民族当中。只是，契丹上层统治者大都通晓汉文，并以汉文为尊，所以契丹文字的使用范围极其有限。

## 现存史料

公元 1191 年，金章宗完颜璟上书废除契丹文字，契丹文字因此在金朝境内逐渐停止使用。但在中亚河中地区的西辽，契丹文字却在继续延用。直到明代，契丹文字的使用才被终止。

----

①回鹘文：鹘，hú。回鹘文，是公元 8 至 15 世纪维吾尔族的文字，用来书写回鹘文。

辽代书禁十分严格，加之接连不断的战乱，所以除了宋代王易的《燕北录》和元末明初陶宗仪的《书史会要》里收录的几个契丹文字外，没有任何有关契丹文字的书籍留传下来。现在传世的契丹文字资料，都是于21世纪陆续出土后发现的。这些载体主要是一些碑刻、铜镜、印章、货币和墨书题字等。从出土的契丹文哀册和碑刻来看，大字是一种表意的方块字，其中还夹杂着一些直接借用汉字的形式。小字是一种拼音文字，利用汉字笔画形体创制出三百多个原字，然后再缀合拼写成词。

契丹文字有正楷、行草、篆书等不同书体。篆体字的拼写方式不同于正楷和行草，采取的是鱼贯式，而不是层叠式。行文的款式是从上而下竖着写，从右而左换行，敬辞抬头或空格。原字还有一种书写形式，代表了一种或几种语言采用几种书写形式的情况。因此，同一个词或词组表现在文字上可以有不同的拼写形式，甚至到现在为止，都没有一句完整的语句被解读出来，这也是中国文字史上的著名难题。

多数国内外学者认为，辽太祖耶律阿保机陵纪功碑残石和西孤山出土的《萧孝忠墓志》上所镌刻的是契丹大字；辽庆陵出土的皇帝与皇后的哀册所镌刻的是契丹小字。

# 文字解读

契丹文字因为缺少对译资料，素来有"绝学"之称。清朝的钱大昕、近代的郭沫若，面对乾陵无字碑上的契丹文字都束手无策。

最早解读契丹小字的罗雪堂的大儿子罗福成，与王静如、厉鼎煃 ①等人，则差不多是在相同的时间内，用相同的比较法获得了大致相同的结果。他们把同一个人的汉字与契丹小字对比；把墓志与墓志铭文进行对比；再把契丹小字资料与史书记载对比，得出"年""月""日"和部分"干支""年号""数目"等，以及"呜呼哀哉""诞日"等少量日常用语。他们解读的契丹小字共有七十个左右，但是他们只释读了字的意思，却没有搞懂字的读音。

公元 1922 年六月二十一日，比利时传教士凯尔温在我国内蒙古巴林右旗索博日嘎苏木瓦林茫哈掘开辽兴宗的坟墓，从中发现了用契丹小字书写的辽兴宗和仁懿皇后哀册。其中，仁懿皇后的哀册还有一份汉文版一同出土，这使契丹文字失传七百多年后首次重见天日。

20 世纪 70 年代中期，由中国社会科学院民族研究所和内蒙古大学蒙古语文研究室联合组成的契丹文字研究小组，从解读契丹小

---

①煃：kuǐ。

字中的汉语借词入手，把释义与拟音结合起来，一共释出三百多条词语，构拟出一百多个原字的音值，并分析出二十多种语法，同时还针对这一研究发表了《关于契丹小字研究》和《契丹小字解读新探》等学术文章。这些研究成果，被国外学者誉为"划时代的新研究"和"契丹文字解读的新阶段"。

◈ 相关链接：

## 能识契丹文字者仅一人

因为无法解读契丹文字，后人就把这种文字称为"死文字"，契丹文字学也因此被称为"绝学"。而能够科学解读契丹大字的学者全世界只有三人，即阎万章、刘凤翥①和日本的丰田五郎。

目前，阎万章先生和丰田五郎先生均已作古，刘凤翥先生如今已近八十岁，是当前世界上认识契丹文字最多的人。

刘凤翥先生对神秘的契丹文字的每一个字的破解，都在国际学术界掀起了轩然大波。较之洋洋万卷、下笔千言的高产史学家，刘凤翥的著作很少，内容也很艰涩。但是，刘凤翥先生的著作，是诸多院校研究辽金史的必备教材，也是海内外无数辽金学者案头不可或缺的重要参考书籍。

①翥：zhù。

# 述律皇后断腕

述律皇后是辽太祖耶律阿保机的妻子，她极有政治远见，并且胆识过人。公元916年，耶律阿保机建立契丹国，封她为"应天大明地皇后"。公元926年，耶律阿保机死后，她以皇太后的身份摄政。为了服众，她斩断自己的手腕，令一百多名大臣为耶律阿保机殉葬，从而使契丹的皇位得以顺利传递，避免了一场内部斗争。

## 力助丈夫

述律皇后非常有智谋，时常帮助丈夫处理各种大事和难事。阿保机领兵四处征讨的时候，述律皇后便帮阿保机把守大本营，使阿保机在前线能集中精力，不用分心。

在阿保机的兄弟们的叛乱过程中，她也起到了关键性的作用。

她派兵攻打大帐，夺回了象征可汗权力的旗鼓。在她的影响下，她的兄长敌鲁和弟弟阿古只等一些人对阿保机全力支持，这在阿保机与其他人的政治斗争中起了不可估量的作用。

因为佐助有功，阿保机也提高了妻子的述律家族的地位和权力，使其家族地位仅次于皇族。

为了扩充疆土，阿保机四处用兵，后方的事务便落到能干的述律皇后身上。为进一步巩固后方，看好丈夫的大本营，述律皇后在征得阿保机同意后，建立了属于自己的宫廷卫队。有一次，阿保机又出兵在外，室韦部落的黄头和臭①泊两个家族便想趁机偷袭。述律皇后知道后，派兵埋伏在附近等候，把他们一举抓获。述律皇后此举，名声大震。

除了实际作战外，述律皇后还经常参与到阿保机的一些重要战争计划的谋划中，并阻止了一次毫无意义的出征。

一年，南方的吴国向契丹进献了一种猛火油，称这种猛火油不仅遇水不灭，反而会烧得更旺。阿保机听后很动心，便想马上派兵攻打幽州②，探一探猛火油的究竟。

述律皇后知道后，只建议他先去骚扰幽州。她说："如果我们现在冒险用兵，万一不能得胜，不但会被中原人耻笑，部落内

---

①臭：xiù。
②幽州：指现今的河北、北京、天津北部。隋唐时北方的军事重镇、交通中心和商业都会。

部还会面临解体的可能。不如先用三千骑兵埋伏在幽州一侧，然后再攻打它的四周，这样一来城中就没了粮食来源，用不了几年，幽州就守不住了。"

阿保机一开始并没有把述律皇后的话放在心上，也没有去攻打幽州。但阿保机于公元917年和公元921年两次南下，都以失败告终，这时他才意识到述律皇后的骚扰幽州策略是对的。阿保机实施述律皇后的策略之后，果然取得了很好的效果。

## 协理国事

述律皇后在军事方面很有才干，但是在治国上却非常守旧。她轻视农业，不赞成在草原地区开垦土地供汉人耕种。

后来，述律皇后跟随阿保机一起出征，征讨东面的渤海国。攻下渤海国后，阿保机建立东丹国，任命长子耶律倍做东丹王，不过他却在返回途中死于扶余城。述律皇后由此听政，暂时掌握军政大权。

待阿保机下葬以后，述律皇后主持推荐继承大会，由契丹贵族选择了耶律德光为皇帝。

从阿保机死后到新君主选出，按照游牧民族的传统习惯，这一时期的大局要由皇后主持，继承人也应从由皇后主持的推荐继

承大会中选举产生。

此时，皇后的权威很大，皇后的意见往往会起到决定性的作用。阿保机在世时曾对自己的三个儿子做了测试，让他们一起去砍柴，看谁先回来。耶律德光最先回来，他砍了一些柴就马上往回走，根本没有选择柴的好坏；耶律倍则选择了一些干柴砍下，然后又捆成一束带了回来；老三李胡则砍了很多，但也扔掉不少。

通过这次测验可以看出，耶律倍虽然仁义，却不足以担起治理天下的重担；二儿子耶律德光虽然投机取巧，却是能巩固帝位；老三李胡则残暴不得人心。述律皇后有心想立二儿子为皇帝，却遭到众人的反对。

## 烈女断腕

得知阿保机的死讯后，一部分大臣支持阿保机的长子当皇帝，还有一部分人支持阿保机的次子当皇帝。为了避免皇储之争，述律皇后以传统的殉葬制度为借口，让这些和朝廷作对的人为阿保机殉葬。

她先是把跟随阿保机的近百名大臣的妻子都聚集起来，然后非常伤心地对她们说："死的人为什么是我的丈夫，而不是你们的？"

堂下的女人们听了也都个个悲伤。紧接着，述律太后又招来这些女人们的丈夫，并哭着对他们道："先帝没了，我好想他啊！你们呢？"

面对伤心的皇后，大臣们难过极了，都表示非常怀念，并纷纷附和说很想阿保机。

述律皇后一听，立刻正言道："好，既然你们也想他，那你们就和先帝一道去另一个世界陪他吧。"

汉人赵思温一听这是要处死自己，便立刻反驳："和先帝亲近的人，谁也比不上您，如果您去，那我们马上就来。"

述律皇后冷静地说："先帝的几个儿子还小，需要人照顾，而且现在国家无主，我暂时不能去，就让我的一只手去陪他吧。"言毕，她举起刀把自己的一只手砍了下来。

这个手段虽然非常残忍，但是，述律皇后却借此杀掉了一百多名与朝廷作对的大臣。

## 述律皇后的家族

述律皇后本名"月理朵"，汉名"平"，契丹族右大部人。她的家族起源于回鹘，述律皇后的曾祖魏宁做过舍利，舍利是一种对契丹贵族中勇猛但没有官职的子弟的称号。

她的祖父叫慎思，做过皇家总管梅里，父亲月碗也做过梅里。月碗和阿保机的姑姑结婚，生下了月理朵。

当时的契丹社会和汉族人一样，盛行姑表通婚。这种方式虽然能更进一步拉近亲属关系，但对于优生却很不利，所以现在的婚姻法禁止了这种通婚方式。

# 让国皇帝耶律倍

　　耶律倍，又叫耶律图欲，是辽太祖耶律阿保机的大儿子；
辽太宗耶律德光的大哥；也是辽世宗耶律阮的父亲。他是
大契丹国文武双全的皇太子，辽国皇位的法定继承人。可
是他却没能当上皇帝，而是把皇位"让"给了弟弟。二十
年后，他的儿子耶律阮即位，他才被追尊为帝，谥号"让
国皇帝"。

## 文武双绝

　　耶律倍自幼聪敏好学，才华横溢。他通晓阴阳、音律；精于
医药、针灸；喜欢藏书、翻译；工于文章、绘画，在文化和艺术
方面都颇有成就。

　　作为北方草原民族的画家，耶律倍擅画水草丰美的草原及牧

民们游骑射猎的情景，特别擅长画鞍马。其画作被宋代的黄复休评为"骨法劲快，不良不弩，自得穷荒之态"。

据《宣和画谱》记载，宋朝皇宫的秘府中共收藏有耶律倍的十五幅画作。受耶律阿保机的影响，耶律倍对汉文化、尤其是儒学，相当尊崇，是当时汉化程度最高的契丹皇室成员。

耶律倍不但文化修养很高，还是一位善于统兵打仗的军事家和谋略家。

契丹开国之初，作为皇太子的耶律倍就经常率兵出征。公元919年，在跟随阿保机向北征讨乌古部时，作为先锋都统的耶律倍大破乌古部，俘获牲口一万四千余头，车乘、庐帐、器物共二十余万件，使乌古部彻底投降于契丹。

公元922年，耶律倍又率领王郁等侵略燕地，一度打到定州，大大扩张了契丹的领地。

## 被逼让位

后来阿保机征服渤海国，便将其改名为"东丹国"，还采用"天、地、人"三才的典故，册封皇太子耶律倍为"人皇王"，并赐耶律倍天子的冠冕。

因为阿保机自己的尊号是"天皇帝"，皇后述律平是"地皇后"，

这样就确立了耶律倍是"二人之下、万人之上"的崇高地位。

但是，阿保机、耶律倍等人还没有来得及品尝战争胜利果实，阿保机就因急病去世了。由于他没有交代自己的后事，所以朝廷很快陷入储君之争的尴尬境地。

耶律倍是阿保机的长子，理应继承大统。可是皇宫的大权由述律皇后把持，军事与国事也都是述律皇后说了算。在述律皇后看来，耶律倍汉化程度颇深，且尊孔尚儒，主张契丹全盘汉化，要以儒家思想治国。述律皇后则奉行草原本位主义，主张维护契丹奴隶制度。她关注传统的草原经济，更关心契丹贵族的传统利益。对于汉臣和汉人的农业经济、文化，她虽然在借用，但却不愿意使契丹全盘汉化。

因此，述律皇后更倾向于和自己主张一致的二儿子耶律德光做皇帝。耶律倍洞悉了母亲的心思，便率领群臣向母亲请命，主动要求把皇位让给弟弟。

## 远走他乡

耶律倍虽然主动把皇帝的宝座让给了弟弟，可是弟弟耶律德光继位后，仍担心哥哥耶律倍会和自己争夺皇位，并处处提防。

公元 928 年，耶律德光趁耶律倍离开东丹国留住皇都，把距离契丹国较近的东平郡提升为南京，作为东丹国国都，并将东丹国内的百姓人口大量迁移到南京。随后，又故意表示尊崇，给耶律倍增加了仪卫规格。此举不但减少了耶律倍统治的人数，还缩小了东丹国的领地，而所谓的"仪卫"也不过是用来监视耶律倍行踪的借口。实际上，此时的耶律倍已经被耶律德光软禁了。

为了打消弟弟的戒备，耶律倍写了《乐田园诗》，以表达自己无意权位的心思，并把全副精力投入在读书、作画中。他在北镇医巫闾山建了一座规模宏大的望海堂藏书楼，在南京西宫建了藏书阁，其中的藏书达万余卷。

在医巫闾山时，耶律倍用狩猎、作画来打发时间，其间还结识了北镇汉族女子高云云，并把她立为妃子。后来由于大雪封山，行动不便，耶律倍又将自己的一部分书籍搬到观音阁阅读。

尽管耶律倍做到了这一步，可耶律德光仍然没有放过他。耶律德光先后两次亲自前往耶律倍的府邸，对耶律倍的僚属大行拉拢宴请，以此来加强对耶律倍的控制。

耶律倍的处境很快就传到后唐明宗李嗣源的耳朵里，他立即派人去请耶律倍到自己的国家。公元930年十一月，当后唐使节到东丹国请耶律倍时，深受汉文化浸染的耶律倍对侍从说："我把天下都让给了我的弟弟，却还是遭来猜忌；不如远走他乡，成全他的吴太伯①之名。"

于是，耶律倍带着自己的妃子和喜欢的书籍，渡海投奔后唐。临走时，耶律倍在海边竖了一块木牌，上面刻着一首诗："小山压大山，大山全无力。羞见故乡人，从此投外国。"短短数句，便道出了兄弟间残酷的政治斗争。

# 一心为国

耶律倍到达后唐后，后唐明宗李嗣源不仅用天子的礼仪和护卫队欢迎耶律倍，还把宫女夏氏赠给他做妾；又赐耶律倍姓"东丹"，名"慕华"，意思是"仰慕中华"；令耶律倍担任怀化军节度使、瑞慎等州观察使。后来，李嗣源又赐耶律倍国姓李，名赞华，移镇滑州，令耶律倍统领虔州节度使。

耶律倍客居后唐期间，虽身在异国他乡，却非常思念故乡的亲人。

公元934年四月，李嗣源的养子李从珂发动政变，杀死了登基不久的后唐闵帝李从厚，自称皇帝。

耶律倍将此事秘密报告给耶律德光，建议耶律德光乘机出兵讨伐后唐，进取中原。耶律德光听从了耶律倍的建议，派兵支持

---

①吴太伯：又称泰伯，周太王古公亶父的长子。

石敬瑭征讨李从珂。

公元 937 年一月，已经被耶律德光封为晋帝的石敬瑭率兵围困后唐的都城洛阳。后唐末帝李从珂见大势已去，便想要自焚。他想要拉着耶律倍一起死，但耶律倍坚决不从。李从珂一声令下，年仅三十八岁的耶律倍便死在刀下。

耶律倍死后，只有一位僧人为他收尸。

石敬瑭率军进入洛阳后，为了讨好契丹，亲自为耶律倍服丧，还在耶律倍灵柩前放声大哭，并以帝王的礼仪把耶律倍厚葬在洛阳城郊外。

此后，又过了很多年，耶律德光才想起昔日的兄弟情分，把耶律倍的灵柩从洛阳运回契丹，并葬在了医巫闾山，追封为"文武元皇王"。

耶律倍的儿子耶律阮继位后，追尊父亲耶律倍为皇帝，谥号"让国皇帝"。陵墓也改为只有皇帝才能称呼的陵寝——"显陵"。

### 我国少数民族的语言

除了汉族外，我国还有55个少数民族。55个少数民族的人口总数占全国人口总数的8%。除了回族现在使用的是汉语外，其他54个少数民族都有自己的语言，共计有72种语言。这些语言分别属于汉藏语系、阿尔泰语系、南岛语系、南亚语系和印欧语系5个语系。

其中，瑶族的支系使用勉语、布努语和拉珈语；高山族的支系使用泰耶尔语、赛德语、邹语、沙阿鲁阿语、耶眉语等13种语言；景颇族的支系使用景颇语、载瓦语；怒族的支系使用怒苏语、阿侬语、柔若语；裕固族使用东部裕固语、西部裕固语；门巴族使用门巴语、仓拉语。

# 辽太宗灭晋治国

辽太宗耶律德光，是耶律阿保机的二儿子。他二十岁出头就做了大元帅，阿保机对他抱有很大期望。阿保机四处征战时，耶律德光也跟着出征，一直到后来平定渤海国，耶律德光都有建树。因此，耶律德光得到了同样有勇有谋的母亲述律皇后的赏识。在选谁做皇位继承人的时候，述律皇后大力支持他，他也由此成为大辽国的第二位皇帝。

## 奉母继位

阿保机死后，述律皇后主持推选新皇帝的仪式，并推选耶律德光继位。于是，耶律德光举行了契丹传统的燔柴礼 ①，正式成为契丹的新皇帝。

————————
①燔柴礼：古代祭天仪式。把玉帛、牲畜等放在柴火上焚烧。

因为他是在母亲的支持下才得以继位，所以有些大臣便不怎么支持他，特别是他的哥哥耶律倍手下的人，更是不服。耶律德光继位之初，不得不用大量的时间、精力来巩固他的皇位。

耶律德光首先加强了军队的控制，他经常检阅侍卫、亲兵，以及各部族及各帐军队。以此来充分控制军权，防止异己势力渗透其中。

其次，为了削弱渤海国的力量，他趁耶律倍离开属地的有利时机，将渤海大量居民迁移到其他地方，甚至将政治中心也一并迁走，使渤海的土地面积大为缩小，成功实现了他的监视控制。

为了化解兄弟间的矛盾，耶律德光曾两次亲临耶律倍的府邸，还将弟弟李胡立为皇太弟，作为皇位的继承人。

## 争霸中原

巩固了自己的皇位后，耶律德光开始继续完成父亲阿保机未完成的事，向南用兵。阿保机想把疆土扩展到黄河岸边，进而拥有黄河以北的大片领土。但中原势力一直抵制契丹的入侵，所以契丹出兵总是趁中原几派势力相争时打着支援其中一方的旗号。

后唐时期，中原势力比较稳定。后唐的军人都穿黑色衣服，战斗力也很强，所以号称"鸦军"；契丹则是以民为兵，没有专门的野战军，所以在和中原兵作战时总是吃败仗。因此，耶律德光一直在培植自己的势力，且在等待时机。

就在耶律德光等待时机的时候，石敬瑭和后唐末帝李从珂产生了矛盾。石敬瑭为保住自己的势力，向辽国求救。耶律德光见时机已到，就出兵相救，立石敬瑭为大晋皇帝。辽国不费吹灰之力就将渴望已久的幽云十六州全部划到契丹的统治范围，除此之外，每年还有一大批布帛收入。

耶律德光将十六州弄到手后，继续南下，把边界推到黄河岸边。石敬瑭死后，石重贵继位，后晋君主的变化给耶律德光提供了充分的借口。与此同时，幽州的赵延寿也想和当年的石敬瑭一样，也劝耶律德光乘机进攻；后晋将领杨光远也暗通契丹，并唆使耶律德光称后晋违背盟约，借机出兵。杨光远还告诉耶律德光，后晋境内发生了大灾害，后晋军队死亡过半，只要出兵一定能胜。

为了抓住这个难得的机会，耶律德光发动了对后晋的讨伐战争。在用兵的过程中，耶律德光利用赵延寿想当皇帝的野心，令赵延寿充当对后晋作战的先锋，并许诺赵延寿，灭了后晋后一定让他做太子。赵延寿对此深信不疑，作战时也异常卖力。

可是等赵延寿灭了后晋以后，耶律德光却闭口不提当年事。赵延寿不得不向耶律德光提出要立自己为太子的请求，耶律德光却说："我自己的儿子才应该当太子，别人不合适。"

随着辽国统治区域的不断扩大，耶律德光为了更好地治理民族事务，就制定了"因俗而治"的原则，形成了北、南两套完整的官制，即北面和南面根据两地实际情况自行管理。

辽太宗耶律德光治理辽国的过程也是他学习汉族文化、总结汉族治国经验和用兵于实际的过程。耶律德光一直很重视农业发展，不但支持汉族人在汉族地区发展农业，还在草原地区找适合发展农业的地方令契丹人开垦荒地、发展生产。

为了保护农业生产，防止没有重农习惯的契丹族人蓄意破坏，耶律德光特意下令禁止践踏庄稼，行军的队伍也要绕开农田。

## "契丹"和"辽"的关系

契丹，是族名；辽，则是国家的名号。魏晋以来，少数民族都很仰慕中原文化，纷纷效仿汉人制度的"国号"。例如，北部拓跋族人自称为"魏国"，史称"北魏"；契丹族则自称"辽国"。

但是，这个"辽国"的称谓是公元947年耶律德光南下中原灭后晋之后，才正式定下来的。

史学家习惯称耶律阿保机时的部族政权为"契丹""大辽""辽国"。司马光修《资治通鉴》时，只是介绍"大辽"的国号和引用其内部文件时说"大辽"，其余一律用"契丹"。这是因为，他不承认这个所谓的"大辽"能够与"大宋"相比肩。

# 死在厨子刀下的辽穆宗

辽穆宗耶律璟是中国历史上有名的昏君和暴君，他在位十八年，是辽国政治最黑暗的时期。中国历史上被冠以昏君、暴君、荒淫之君的皇帝不少，但是被称为"睡王"，且死在厨子刀下的皇帝，却仅此一人。

## 辽穆宗其人

辽穆宗耶律璟，是辽太宗耶律德光的大儿子，即位前被封为"寿安王"，即皇帝位后，成为大辽国的第四任皇帝。

耶律璟当了皇帝后，为了巩固自己的皇位，开始大肆铲除异己。把原本和辽世宗关系近的大臣，或罢官，或不再重用。

耶律颓显本来为辽穆宗继承皇位立下了汗马功劳，辽穆宗还许诺给他一个本部大王的位置。但是，因为耶律颓显老是念念不忘辽世宗对他的恩情，所以引起了辽穆宗的不满，许他的大王之位也因此被束之高阁。

公元 952 年，辽穆宗即位不足一年，担任政事令的国舅萧眉古得和宣政殿学士李澣便秘密商议投奔后周。李澣给在后周做官的哥哥李涛写信称：契丹的君主不好，只知道喝酒、游猎，没有大志向，建议后周用兵。

结果事情败露，萧眉古得被杀，李澣被处以杖刑。事件刚刚平息的第二个月，辽穆宗的弟弟耶律娄国又想自立为帝，也被辽穆宗绞杀，同谋耶律敌猎则被凌迟处死。

在辽穆宗偌大的皇宫里，只有萧皇后一个女的，而且他从来不碰萧皇后。因为他不喜欢女人，所以皇后在他的皇宫里成了徒有其名的摆设。

眼看国家要后继无人了，萧太后便天天劝他。可辽穆宗宁肯做不孝子，也不碰女人。为了表示自己对女人的反感，他立下遗嘱称，死后不要跟萧皇后葬在一起。

辽穆宗不碰女人的理由很多，而且他还反对自己的臣子接近女人。辽穆宗身边有一个侍卫，因多日不见妻子十分想念，便私自跑回家与妻子团聚。辽穆宗知道后火冒三丈，竟然下旨把这名侍卫的妻子处死了。

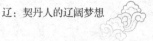

# "睡王"名号

辽穆宗登基几年后，政权渐渐稳固，他觉得帝位已无后顾之忧，便放纵起来。他每天晚上都要喝酒作乐，到第二天凌晨就倒头大睡，至于国家大事，全被他放在脑后。

辽穆宗还喜欢打猎，不管是寒冬还是盛夏，只要他高兴，便带人前往。在游猎的时候，他也不忘喝酒，每一次兴致都极高，除了喝就是睡。喝了酒之后，便开始发脾气，不断地找碴杀人。身边的侍从只要稍有过错，就会被他下令处死，人命在他眼里如同草芥。因此，侍从们整天都提心吊胆，大臣们对他更是敢怒不敢言。

辽穆宗的昏庸统治致使辽国国力日益衰败。政治黑暗，兵将疲弱，根本无法应付紧急局势，举国上下怨声一片。

除了喝酒、睡觉、游猎外，辽穆宗最大的爱好就是杀人。他在位期间，辽国经常与南边的后周政权发生战争，但每次都被打败。战场上打不过别人，嗜杀成性的辽穆宗就拿自己的臣民开刀。

# 死于厨子之手

历史记载，辽穆宗的杀人手段非常残暴。他沿用了多种杀人

方法，如刺面、炮烙、贴梳等。只要他不顺心，就会下令杀人。

近侍，是专门负责皇帝吃、喝、拉、撒、睡的亲信官。不过，这些近侍也会因为一点小事就被辽穆宗杀死，甚至被株连、锉尸。

辽穆宗的残暴和无情，逼得朝不保夕的近侍们都在伺机谋反。也正因为如此，再也没有大臣敢在辽穆宗面前进谏，加之辽穆宗怠慢政事，整个朝野上下乌烟瘴气。

辽穆宗也知道自己不得人心，便处处留心，并立下多项禁令，禁止可疑的人靠近自己。

只是，作恶太多的人，躲得了初一，躲不过十五。公元969年二月，辽穆宗在黑山游猎时，又喝多了。

这一天，他打猎的收获特别多，特别高兴，一连喝了数盏酒后便大醉不起。手下的奴才们见辽穆宗醉倒了，就都下去休息。结果到了半夜，辽穆宗又醒了，还直喊饿，一边说着酒话，一边令厨子给他做饭吃。

厨子们不得不又起来，不过却把做饭的时间给耽误了。辽穆宗大为恼火，便习惯性地说："我明天一定要把你们统统杀了。"

见惯了辽穆宗随意杀人的厨子们一听辽穆宗这样说，都慌张不已。因为害怕掉脑袋，他们便联合起来，乘着辽穆宗大醉，用乱刀把辽穆宗砍死在床上。

辽穆宗死时，享年三十九岁。

自以为一世枭雄的辽穆宗，无论如何都不会想到，一向视人如草芥、杀人如麻的自己，最后会落得死在自己厨子菜刀之下的下场。

爱睡觉，好杀人，远女色，做了厨子的刀下之鬼，这个大辽皇帝所做的荒唐事，历史上的皇帝没几个能比得上他。

为什么契丹有这么多"萧太后"？

说起萧太后，就得提到一个非常厉害的人物——述律平皇太后。

耶律阿保机在世时，因为钦慕汉高祖刘邦，所以自称"刘"姓。而述律平的先祖一直辅佐耶律家族，其地位就好比刘邦的大臣萧何。为了美化自己，述律平太后自称"萧"姓。

此后，担任皇后的家族都以"萧"为姓，皇后皆称之为"萧太后"。

# 辽国承天太后

萧绰，小名燕燕，是辽朝皇帝辽景宗的皇后，辽国著名的政治家、军事家和改革家。她的母亲是燕国大长公主，父亲是北府宰相萧思温。她还小的时候，父母就从她做事认真、细心踏实等许多小事中看出，女儿将来一定能够成就大业。她长大以后，果真如父母所言，最终成为辽国的皇太后。她主政期间办了不少好事，使辽国进入了最为鼎盛的辉煌时期。

## 贵为皇后

萧燕燕从小就聪明伶俐、办事利索，而且还非常执着，一些琐碎小事也办得极其妥帖。有一天，萧思温为了考验几个女儿的办事能力，便命令她们扫地。

她们大都是装装样子，敷衍几下就走了，唯独萧燕燕认认真真地把地打扫得干干净净。萧思温不禁感叹，这个女儿将来一定会有出息，从此对她的培养更加用心。

公元 969 年，辽穆宗带着萧思温等亲信在山上打猎。不过当天晚上，昏聩的辽穆宗却被厨子刺杀。萧思温及时封锁了消息，协助与自己一直来往甚密的耶律阮的二儿子耶律贤登上皇位，号称"辽景宗"。

萧思温作为拥立辽景宗登上皇位的有功大臣，被晋封为北院枢密使、北府宰相、尚书令、魏王，辽景宗还征召他的女儿入宫。

就这样，萧燕燕成为辽景宗的贵妃，两个月后，又被册封为皇后。萧燕燕先后为辽景宗生下四个儿子，三个女儿。萧燕燕作为正宫皇后，从此拥有了至高无上的权力。

## 协助治国

辽景宗从小体弱多病，加之他的父亲辽世宗被耶律察割刺杀，受了刺激的辽景宗便落下了头痛的毛病，以至于他继位多年也不能主持朝政。因此，作为皇后的萧燕燕开始帮助丈夫打理朝政，辽国的大权也逐渐转到她的手中。

公元 979 年，宋太宗御驾亲征，直逼幽州城。萧燕燕命辽国

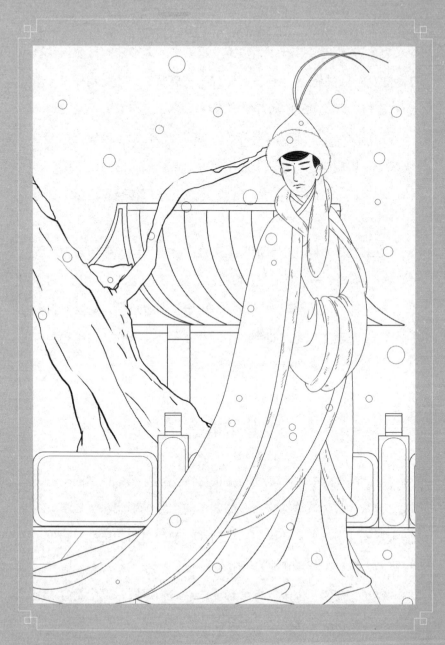

守将韩德让坚守阵地，自己则亲自领兵与宋军血战，经过十五个日夜的奋力拼搏，援军耶律休哥、耶律斜轸等赶到，并在高梁河把宋军打得一败涂地。

萧燕燕因为在军事上取得了重大胜利，威望也得到空前提高，统治更加牢固。

公元 982 年，辽景宗游猎时病死于云州焦山，其子耶律隆绪继位，史称"辽圣宗"，萧燕燕由此成了承天皇太后。

## 太后参战

根据辽景宗的遗愿，成为皇太后的萧燕燕要为自己十二岁的儿子监国摄政。

公元 986 年，宋太宗派遣三路大军挥师北上。萧太后带着辽圣宗亲临幽州，并且身穿戎装、手持利器，亲自上战场。

在岐沟关，萧燕燕率领辽国大军打败了东路曹彬的主力，然后汇集优势兵力围剿中、西两路宋军。辽军耶律斜轸与杨业的部队相遇后假装败走，杨业的五千精锐奉命追击，辽军伏兵尽出，四面合围。由于潘美没有及时予以援手，杨业的手下几乎全部战死，杨业杀敌数百人，最终被萧挞览、耶律奚底等活捉。自此，宋朝精锐尽失、由攻变防，再也无法收复幽云十六州的失地。

公元 1004 年，萧燕燕和辽圣宗率兵大举南侵，宋真宗听说后，吓得拔腿就跑。但在宰相寇准的劝说下，宋真宗不得不停下步伐，转而御驾亲征。宋真宗在寇准的逼迫下，到边关集结宋军队伍，和宋军将士一起坚守城池，并用数箭齐发的连弩对付辽国骑兵。

萧燕燕看到了大宋的民心和实力，只得同意讲和。宋、辽双方在势均力敌的情况下，缔结了"澶渊之盟"，换来了宋、辽两国很多年的和平。

此后，不仅契丹人奉萧燕燕若神明，就连辽圣宗的文武百官，也都尊她为："睿德神略应运启化承天皇太后"。

## 遵从汉儒

萧燕燕虽然长期与宋朝作战，但她却异常仰慕汉人文化，尤其喜爱白居易的诗。在萧燕燕的影响下，她的儿子们平素里的穿着打扮也都在竭力效仿汉人。

在辽国以前，契丹人对杀人犯罪的行为处罚较轻，但萧燕燕见汉人杀人处重罪对社会治安起到了很好的震慑作用，便也依样效法执行。同时，她也效仿汉人的科举制度，选拔才德兼备的官吏，整顿吏治；对受灾地区减免赋税，让百姓不至于衣食无着，以保持国家的稳定；她还把抢掠来的汉人奴隶释放为平民，解除他们的奴隶身份，让其自食其力，并禁止契丹贵族随意处置家奴。

此后，萧燕燕又对辽国的政治制度和风俗习惯进行了大刀阔斧的改革，这些改革不但将辽国从奴隶制国家进一步向封建制转化，还改善了契丹族与汉族之间的关系。通过一系列行之有效的变法，辽国的种族矛盾开始缓解，各部落也开始走向兴旺。

萧燕燕为政治国的一生，也是辽国逐渐走上发达富强之路的过程。在她的治理下，辽国渐渐洗去了游牧民族的狼性，学会了温良、恭让的美好品性。

## 辽朝皇后的册封礼

辽朝的皇帝纳皇后时，要选择"良辰吉日"。纳皇后的那天，皇后的所有亲属都要围坐在皇后身旁，接受皇帝派来的使者、媒人送来的酒、肉、粮。

由媒人向皇后、皇后的父母、皇后的宗族成员依次敬酒、礼拜、致辞；此后，皇后拜别父母、伯叔、兄长。皇后的父母勉励皇后，对宗族长者各行拜礼后，便要上皇帝派来的迎亲御车。

皇后的御车将要到达宫门的时候，宰相传皇帝敕令，向皇后斟酒，皇宫里的宗正官则率领皇族及百官迎接皇后的到来。

# 高梁河之战

这场战争是辽与宋在战场上的第一次对决，也是五代十国时期结束后的一场重要战争。此战辽军发挥骑兵优势，远道增援，变被动为主动，给宋军以沉重打击；宋军则因轻敌贸然前进，致使首战失利，对以后与辽作战造成了不利的影响。

## 宋朝开战

公元979年，北宋灭掉北汉，宋、辽两国便正面敌对。五月，北汉刘继元投降，赵光义在没有完全准备好与辽全面开战的情况下，就准备收复幽蓟。众大将都以粮草不足为由拒绝出战，只有殿前都虞候崔翰赞成北征。赵光义当即下令，命枢密使曹彬调发各地屯兵。由于扈从六军没有按时到达指定地点集结，

赵光义大怒，予以军法处置。

六月，赵光义率兵从东易州的西面渡过拒马河，进入辽国境内。大战刚开始没多久，辽易州刺史刘宇、涿州判官刘厚德便相继投降宋军。随后，赵光义的大军进入幽州城南，驻扎在宝光寺。

当时，辽国的析津府南京守将是南京留守韩德让和马步军都指挥使耶律学古。另外，辽北院大王耶律悉底和统军使萧讨古等人在城北驻扎。

宋军先锋东西班指挥使傅潜、孔守正巡哨城北，在沙河遇到辽军，并与其交战，生擒辽军五百余人。

辽南院大王耶律斜轸则把兵力驻扎在得胜口①。耶律斜轸见宋军来势凶猛，不敢正面冲突，便趁先头部队战败的机会，用青色旗帜伪装成收容溃军的样子诱敌。

赵光义得到密探的报告，便有了轻敌之心，继续挥师前进，斩获辽军千余首级。耶律斜轸抓住宋军不断前进的机会，突然袭击宋军后方，结果宋军大败。辽国南京城内守城将士们得到这个捷报后，意志更加坚定了。

六月二十六日，赵光义又亲自率兵攻打清沙河辽军。经过一整天的对战，赵光义虽然斩杀无数辽军，缴获辽军三百余匹战马。但是，辽军仍誓死坚守。

①得胜口：今河北昌平天寿山西北。

六月三十日，赵光义又督军攻城，宋军派三百人连夜登城，都被耶律学古擒获。事后，耶律学古还发现了宋军开挖的无数条隧道，并将其全部堵上。

当时，辽国南京被围，辽国上下都为之震动，辽顺州守将刘廷素、蓟州守将刘守恩相继率部队赶来支援。

## 辽军反击

辽景宗耶律贤于六月三十日知道南京被围，耶律奚底、萧讨古、耶律斜轸等军虽未大败，但却不能进攻。于是急忙调遣南府宰相耶律沙率兵救援，特里衮 ①耶律休哥主动请缨，辽景宗便以休哥代替奚底统帅五院军的精锐部队奔赴前线。

七月初六，耶律沙大军到达幽州，赵光义命各路军队攻击，两军战于高梁河，耶律沙力战不支败退。

不过，当时的宋军连续二十日不停歇地猛攻幽州城，自身也早已精疲力竭。这一次，宋军虽然战胜了辽军，且一路追杀溃逃的辽军残部。但他们从中午一直追到傍晚，只追了十余里。更令赵光义始料未及的是，辽军后援耶律休哥的大军不知何时从天而降，并且人人手里都举着火把。赵光义不知道辽军有多少人，还

①特里衮：衮，yǎn。特里衮，古时官名。

没应战，就已经开始发怵了。

　　耶律休哥先收编了耶律沙的败军，对耶律沙稍做安抚后，又命令他回去再次应战。耶律休哥与耶律斜轸则各自统帅精锐骑兵，从耶律沙的左右翼乘夜夹攻宋军，由此形成了两翼包围的钳击之势。

　　这一仗耶律休哥身先士卒，虽然多处受伤，但依然死战。不久，援军到达，耶律学古大开城门四面鸣鼓，还令城中百姓大声呼叫，城内顿时震天动地。耶律休哥继续率部猛攻，宋军被重重包围，且无法抵抗辽军的猛攻，只能节节败退。

　　此时，耶律沙从后面追击，耶律休哥与耶律斜轸两军则对宋军实行猛烈追击。宋军大败，死伤万余人。黑暗中，宋军被打得乱成一锅粥，连忙向南撤退。慌乱中，赵光义与诸将士走散，士兵们也找不到各自的首领，一个个像无头的苍蝇一般乱撞。赵光义的近臣见形势危急，连忙找了一辆驴车带着赵光义往南逃去。

## 宋军败退

　　由于赵光义指挥不力、准备不足，宋军大败。无论是在战术上还是实际行动上，他都没有充分估计敌人的实力，加之他事先没有计划，而是临时决定，这使宋朝的大军在很长一段时间里无法恢复元气。

宋军战败，作为统帅的赵光义要负主要责任，但他战后对将士们的奖惩只是象征性的草草了事，原本承诺的封赏一并全免了。因此，宋军将士的士气一挫再挫。

对于赵光义的这种做法，朝野上下都在反对。皇子武功郡王德昭抗议："应先奖励太原的有功之臣，再处罚幽州失败的将士。"

赵光义恼羞成怒，当着众人的面训斥德昭："待你当了皇上，再来赏你的大臣也不迟！"德昭被逼无奈，回家后只得拔剑自尽。

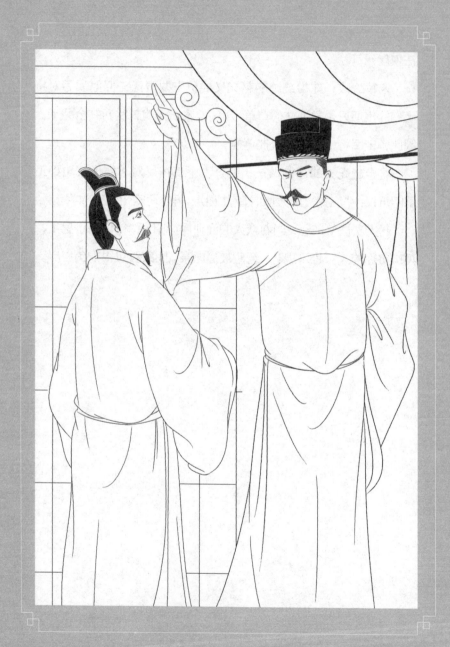

## 辽国人的习俗

辽国人认为，正月初七为"人日"。如果"人日"这天是晴天，就表示这一年吉祥；如果是阴天，那这一年肯定会有灾难。

正月初七"人日"的这一天，辽国人还会烙饼，并称作"薰天"。如今的辽沈地区仍然流传着一鸡、二鸭、三猫、四狗、五猪、六羊、七人、八马、九果、十菜的"老令"。正月初一到初十，不论哪一天阴天下雪，那么这一年，相对应的禽畜便会遭受瘟疫，或预示有灾祸。

# 澶渊之盟

公元 1004 年秋，辽国萧太后与辽圣宗亲自率军南下，攻打宋朝。想南逃的宋真宗在宰相寇准的劝说下，亲自到澶州督战。宋军坚守辽军背后的城镇，又在澶州城射杀了辽将萧挞览。辽国害怕腹背受敌，提出和议。两国于公元 1005 年订立和约，规定宋每年送给辽岁币银十万两、绢二十万匹。因为澶州在宋朝时亦称澶渊郡，所以史称"澶渊之盟"。

## 盟约缘起

自公元 999 年开始，辽国便不断派兵在宋朝边境挑衅，并掠夺宋人财物，屠杀宋人百姓，给边境居民带来了巨大的灾难。

虽然宋军在杨延朗、杨延嗣等将领的率领下积极抵御辽军入侵，但辽骑兵进退速度极快，作战灵活，因此宋朝的边防压力越来越大。

而且，自赵光义北伐惨败后，宋对辽就一直心存畏惧，逐渐由主动进攻转为被动防御。相反，辽对宋却是步步紧逼，不断南下侵扰宋朝。

对五代十国时期的中原王朝来说，幽云十六州的得失，关系着江山的安危。所以自后周柴荣起，就开始与辽争夺幽云十六州的战争。

宋、辽战争长达二十五年，其目的也在于争夺幽云十六州。幽云十六州是一个先进的农业区，它的农业、手工业和其他文化活动都比契丹本部地区发达。因此契丹统治者一直把目光聚集在这里，他们把幽云十六州中的幽州升为南京，改皇都为上京；把原先的南京改为东京，在南京建立了相应的许多官职，并将南京视为辽国的腹地，俨然以大国的姿态屹立于宋朝的北方。

辽国在萧太后的治理下，国内的动乱逐渐平息，从而有了对宋发动战争的基础。

## 因败结盟

公元 1004 年，辽萧太后与辽圣宗耶律隆绪以收复瓦桥关为名，亲率大军进入宋境。萧挞凛攻破遂城，生俘了宋将王先知、宋朝云州观察使王继忠。宋朝为之震动，宋真宗赵恒更是准备迁都南逃。宰相寇准力请宋真宗亲征，宋真宗才被迫北上。

宰相寇准倚重的将领则是在历次抗辽战斗中屡立战功的杨延嗣和杨延朗等人。杨延朗就此建议整饬军队，修通主要道路，但都没有被采纳。

当辽军到达定州时，两军形成相互对峙的局面，王继忠借机劝萧太后与宋朝讲和，但是宋真宗拒绝了。

同年十一月，辽军在朔州被宋军打得大败，并因缺乏粮草而撤军。辽军主力则集中于瀛州城下，宋军守将季延渥死守城池，激战了十多天也没有结果。

萧挞凛、萧观音奴二人则率军攻克祁州，萧太后等人率军与之会合，合力进攻冀州、贝州。辽军攻克德清后，三面包围澶州，宋将李继隆率兵死守澶州城门。

辽国统军萧挞凛恃勇，率数十轻骑在澶州城下巡视。宋军大将张环以伏弩①射杀萧挞凛，萧挞凛头部中箭，从战马上摔了下来，辽军因此士气大挫。宋朝则因宋真宗御驾亲征而士气大增，集中在澶州附近的大宋军民多达几十万人。

宋真宗赵恒受到气氛的感染，也下定决心要和辽决一死战，并把寇准留在北城，令他全权管理各项事宜。而辽国却因战线拉得过长，补给非常困难，再加上是孤军挺进宋朝腹地，万一战败，后果不堪设想。萧太后只得听从了降将王继忠的建议，派人奔赴

①伏弩：隐蔽着的用机械发射的弓箭。

澶州，向宋朝转达想罢兵息战的愿望。

寇准得知消息后，急忙向宋真宗赵恒进谏，辽国已是强弩之末，现在正是攻打他们的最好时机。趁这个机会守住要道，一举歼灭敌人，然后再乘胜北上，收复幽云十六州。

可赵恒胆小，他只想和辽国媾和①，朝中大臣也因惧怕辽国，纷纷表示支持。寇准无可奈何，只得同意了和辽国讲和。而辽军初战失利，再加上孤军深入，正处在进退两难的境地，自然愿意议和。

## 岁币求和

经过和谈，宋、辽双方以白沟河为界撤兵；此后凡有越界盗贼、逃犯，彼此不得藏匿；两国沿边城池，不得重新修建城墙。宋朝每年还需向辽提供军费银十万两、绢二十万匹，交割地点为雄州。双方还在两国边境设置榷场②，开展市场贸易。

在岁币的问题上，辽国求和心切，便没有得寸进尺，双方达成了宋朝每年给辽国三十万银绢的协议。

使者完成任务后回去交旨，并详细和宋真宗说了和谈的结果。宋真宗听后大喜，觉得他很有才能，便重重赏赐了他。

①媾和：一般指交战国之间缔结和约，有时指交战国各方为结束战争状态、恢复和平关系所进行的一系列活动。
②榷场：榷，què。榷场，宋、辽、金、元时在边境所设的同邻国互市的市场。

## 辽圣宗是怎样的皇帝？

辽圣宗耶律隆绪是辽国的第六位皇帝，也是辽国在位时间最长的皇帝，在位四十九年。刚即帝位时，他年仅十二岁，由萧太后把持朝政。

辽圣宗受汉族文化的影响较深，一直向往汉族文化，他喜欢读汉人书籍，还会用汉字写诗。他极其重视唐太宗时的《贞观政要》，认为唐太宗是"五百年来中国之英主"。

耶律隆绪亲政后，大力选拔人才，知人善任，使内部统治相对稳定。他尤其重用有才干的汉族官员，吸收更多的汉族知识分子进入政权。在他们的帮助下，辽圣宗进行了许多封建化改革，如提高奴隶的地位，修改"同罪异论"法、"贵贱异法"法、奴主关系法及废除兄弟连坐法。

# 富弼解辽夏之危

宋朝宰相富弼曾多次出使辽国，对西夏的形势也十分关注。在富弼看来，辽和西夏强大的原因，是因为他们进入了农耕区，而这些农耕区的汉族精英均为其所用；同时，富弼也认识到宋、辽、夏三者之间的微妙关系。他多次提醒朝廷，必须避免两方交战，否则宋朝很容易陷入危机之中。但是富弼担心的问题还是出现了。

## 引火烧身

公元 1038 年，西夏开国皇帝李元昊自立为王，并率军大举侵宋。在力主讨伐西夏的同时，富弼还上书指出，西夏通过联姻与辽国保持密切关系，极有可能形成掎角之势①共同侵伐宋朝，或者

①掎角之势：掎，jǐ。掎角之势，原指从两方面夹攻敌人。现比喻分出兵力，造成牵制敌人或互相支援的形势。

互为声势，或者借助对方军队。如果形成这样的局面，那么宋朝的麻烦就大了。

果然，公元 1042 年，辽国大兵压境，与西夏形成压顶之势，宋朝顿时告急。富弼受命奔走于辽、宋两国之间，他的任务就是化解与辽国的战争，降低成本。富弼全身心地投入使他取得了巨大的成功，谙熟宋、辽、夏三角关系的富弼，在最终商谈增加岁币数额的时候，不动声色地把西夏牵了进去。

李元昊建立西夏后，一直在辽兴宗面前俯首称臣。所以辽兴宗一听说要约束西夏，满不在乎的觉得是小事一桩，便不假思索地就与宋朝订立了盟约。

原本李元昊对辽、宋、夏三者的微妙关系一直都在装糊涂，如今辽单方面地与宋订立和约，把盟友西夏撂在一边，李元昊知道后愤怒无比。辽兴宗便派同知析津府事耶律敌烈、枢密院都承旨王惟吉前往西夏，想让李元昊与宋朝讲和。李元昊满腔怒火，怒斥辽国使者，两国关系从此开始恶化。

辽国境内有不少党项部族，两国友好时相对安宁。但李元昊对辽国的态度发生变化，辽夏边境便失去了和平，一直冲突不断。

# 引出泥潭

不久，富弼出任枢密使、枢密副使。这期间，宋、夏和谈依旧在进行，但双方却在称谓上发生了争执。

李元昊想尊称宋仁宗为"父皇帝"，富弼坚决不同意。他认为，李元昊应该向宋朝称臣，不能做宋仁宗的儿子。称臣，是要遵守臣的礼节，能对西夏产生较强的约束，并且西夏是否臣服于宋，关系到宋、辽和夏三国关系的大局。

西夏已经对辽称臣，如果不对宋称臣，那就乱了辈分，不仅会造成外交上的失衡，还会助长辽在外交上的优势和贪欲。这样极不利于宋、辽关系的发展，会使宋的外交陷入被动，更不利于宋正统地位的确立。况且此时辽、夏关系紧张，是西夏主动来求和，宋朝没有必要让步。于是，朝廷采纳富弼的建议，拒绝了李元昊使者的说和。

迫于压力，李元昊最终同意向宋称臣，宋朝则册封李元昊为夏国主。

就在册封使者将要前往西夏时，与宋结了盟的辽国使者来了。随后朝廷就令册封使者暂不出发，想等辽使到来，看看他们的态度再决定行动，以免因此得罪辽国。

这时富弼上奏，宋廷册封李元昊是天经地义的事，不需要看辽国脸色。假若宋朝等辽国使者到后再对夏行册封礼，李元昊则会对辽国感恩，有利于修复辽夏关系，而不利于宋对辽、夏的分化瓦解。富弼对三国之间的关系的准确把握说服了宋仁宗，使西夏与宋结束了战争。

## 坐观虎斗

随后，西夏与辽国开始对战。由于辽国境内党项族人叛乱，投归了西夏。辽兴宗便派兵征讨，李元昊则出兵援救，还杀了辽国使者萧普达。辽兴宗为之大怒，从各地抽调数十万大军于西南边境，准备大举讨伐西夏。

辽国派兵十万余人，分三路向西夏境内杀去。辽军渡过黄河后，前行四百里没有遇到任何抵抗，在贺兰山北麓才碰到了西夏的主力，辽军纵兵进击，西夏军大败。

李元昊习惯了打胜仗，这次战败后便有些气馁。当他得知辽国的援兵仍源源不断赶来时，便派使者向辽兴宗谢罪请降，用以缓兵之计。

辽兴宗召集众将商议后，下令继续出兵追击。李元昊见议和不成，急忙率军撤退，并且一边退一边还把方圆数百里的粮草全部烧光。

这一招击中了辽军的要害，辽军作战一向不带粮草，都是以战养战。这么一烧，辽军没有了后勤保障。因为缺少草料，战马饿死了一大半。

李元昊再次派人请降，但是不等辽国君臣拿定主意，李元昊便率领大军袭来。辽军匆忙迎战，仍把西夏军打得节节败退。

辽军正准备乘胜追击时，突然刮起了狂风，地上的砂石扑向辽军。辽军以为冲撞了鬼神，因此军心大乱。而对风沙习以为常的西夏军则乘机冲杀，将辽军打得大败。

公元1049年，辽军再度西征，仍然没有起到半点作用。富弼成功解除了战争危机，为宋朝立下大功。他还利用自己对三国关系的准确了解，帮助宋朝撬开了辽、夏同盟，使宋、辽、西夏三足鼎立的格局逐渐趋于稳定。

## 契丹人饮茶

契丹人在立春的时候，皇宫里要举行庆祝仪式。庆祝仪式上，除了拜先祖画像、献酒外，就是饮茶、吃春盘。

1994 年，在河北省宣化地区出土的六、七、十号墓壁画中，便有画着以碾茶、煮茶、侍女敬茶的茶道程序图案的饮茶图。

契丹人的饮茶习俗和宋朝人来客献茶的习惯相反，契丹人待客是先汤后茶。契丹人的汤是用中药甘草煎制，团茶则用锯子锯碎后放在壶里煮着喝。

契丹人喝茶很普遍，不论富贵贫贱，都离不开茶。

# 天祚帝闹剧亡国

天祚帝耶律延禧生于公元1075年，字延宁，契丹名"阿果"。他是道宗的孙子，他的父亲是道宗的太子耶律浚。当年，道宗朝权臣耶律乙辛设计诛杀太子耶律浚，又企图杀害幼年的耶律延禧。但在北院大王、宣抚使萧兀纳等人的提醒下，道宗皇帝加强了对皇孙延禧的保护，才使他免死于耶律乙辛的屠刀之下。

## 重用佞臣

天祚帝六岁就被封为"梁王"，九岁又被封为"燕王"，十六岁就成为天下兵马大元帅、尚书令，更是被确立为皇位继承人。但是，天祚帝的日子过得却是提心吊胆。

公元1101年正月，道宗病死，二十六岁的耶律延禧继位，改年号为"乾统"，号为"天祚帝"。

继位后的天祚帝在大臣们的协助下，扳倒了擅权长达十四年之久的奸臣耶律乙辛。此后，受耶律乙辛陷害的大臣也得以平反，耶律乙辛的党羽全部被诛杀。

本来，天祚帝平反冤案一事，在辽国起到了较好的反响，同时也让辽国的百姓看到了希望。人们都希望这位少年天子能够振兴朝政、扭转世风，有一番大作为。

岂知，这位少年天子眼见国家刚刚回到正轨，便从此懈怠了。他亲佞臣而远贤臣，不再听取他人意见，还任用了一批如萧奉先、萧德里底等佞臣。成天和他们一起游猎，生活荒淫奢侈，不理国政，致使宗室、贵族之间的争斗愈演愈烈。各地起义也此起彼伏，各部族首领也纷纷起兵反辽，辽国统治几乎崩溃。

因为有佞臣的离间，曾经一直护着天祚帝、使天祚帝能够登上皇位的北府宣抚使萧兀纳，也被天祚帝降为太傅，不得不离开朝廷到辽东做了节度使。

没有了逆耳忠言和时刻提醒，天祚帝更加肆无忌惮。整日在萧奉先、萧德里底的带领下，到女真部打猎钓鱼、抢掠百姓，惹得女真族怨声载道，反抗情绪日渐高涨。

以天祚帝为首的辽统治集团，对各族人民的不满情绪默然处之。因此，士兵不再愿意坚守边关，也没有人愿意刻苦训练，麻痹轻敌思想在辽国军队中蔓延。

萧奉先和萧得里底更是在军中拉帮结派、互为党羽，并用声色犬马取悦天祚帝，得到了天祚帝的绝对信任。

结党营私、军备懈怠，对敌人的军事实力没有半分了解。面对女真族完颜阿骨打的挑战，天祚帝在没有做足够准备工作、没有周密战略部署的情况下，贸然决定带兵亲征。结果可想而知，天祚帝大败而逃，上京等地相继沦陷。

## 哗然生变

天祚帝对萧奉先等人的偏听偏信，让群臣们失望透顶；天祚帝的无能与不听忠言，更是寒了将士们的心。群臣由此萌生了废天祚帝、另立新君的想法。

统兵副都监耶律余睹等图谋废黜天祚帝，准备立耶律延禧的次子晋王耶律敖鲁斡为新君。不过，耶律余睹起兵失败，归降了完颜阿骨打的大金国。

第二年，耶律余睹带兵来袭，驻扎在鸳鸯泊。奸臣萧奉先害怕打仗，便给天祚帝出主意："敌军之所以频频来袭，是想让您的二儿子晋王耶律敖鲁斡当皇帝，不如咱们把晋王杀了，敌兵不就不战而退了？"

如此荒唐的主意，换了谁都不会采纳。可是天祚帝已经被吓

得六神无主，竟然答应了杀掉自己的二儿子。

杀死晋王不仅没有阻止战争的爆发，反而令天祚帝更加失去人心。契丹贵族见天祚帝如此对待自己的亲骨肉，便纷纷逃走了。群臣的逃亡进一步削弱了辽国的军事实力，整个辽国弥漫着一股不安的气息。

天祚帝希望敌人退兵的愿望彻底落空，而金国的开路大将耶律余睹继续引兵攻来，天祚帝只能仓皇逃到了云中。

辽军士气低迷、指挥不力，加之天祚帝的逃跑，云中、东京乾、显诸州相继失陷。天祚帝依旧没有做任何抵抗，继续一路南逃。不久，中京、西京也失陷了，天祚帝无路可逃，只好躲进夹山。

天祚帝在夹山藏得极深，金国人几乎翻遍了夹山，都没有找到他的影子。于是，一些大臣便立秦晋国王耶律淳为皇帝，史称"北辽"，将天祚帝贬为"湘阴王"。

不久，藏在大山中的天祚帝见没有追兵追他，更没有谁来过问他，便带领残余部队走出夹山，准备南下武州，试图收复山西州县。结果再次被金军打败，跟随他的将领也在无奈之下向金军投降。

之后，准备亡命西夏的天祚帝，在距应州新城东六十里处，被金军大将完颜娄室擒获。

### 辽国皇后的服饰

辽国皇后穿的都是契丹服，祭祀时头上要戴红色的帕子，身穿络缝红袍，腰间还要挂玉佩和双同心帕。

皇后平常上身穿黑、紫、绀诸色直领对襟，或左衽团衫。前襟很长，要垂在地上，后摆则拖在地上有一尺多长。两个胳膊要绕红黄带，头上挽着高高的髻，或者双髻、螺髻，脸上涂黄妆，脚上是络缝乌靴。

除此之外，皇后的穿着还有紫金百凤衫、杏黄金缕裙、红凤花靴、梳百宝花髻等。

辽宁法库叶茂台曾出土过一件辽代的棕黄罗绣棉袍，棉袍的领上绣着双龙，肩、腹、腰部分绣着簪花羽人骑凤，以及桃花、鸟、蝴蝶等花纹。

# 从进士到皇帝的耶律大石

关于辽国皇帝耶律大石的出生，历史学界至今都争论不休。有的说他生于公元 1095 年，有的则说他生于 1087 年。他从小好学，善于骑射，精通汉文和契丹文。他凭着丰厚的学识跻进了辽国政治核心，并靠无数场战争树立了无限威望。

## 养精蓄锐

公元 1115 年，耶律大石考中进士，进入翰林院担任翰林承旨。他是《辽史》中记载的辽国唯一一个契丹进士。后来，他又先后担任泰、祥二州的刺史和辽兴军节度使。

公元 1122 年，快速崛起的女真族与北宋军队同时向辽发起猛攻。北面，金兵把辽兵杀得节节败退；南面，十余万宋军两次越过黄河，直逼辽国国都南京城。然而让人难以置信的是，拥有绝对优势的宋军，却被已经疲弱不堪的辽兵打得落荒而逃。这两次军事上的失利，令大宋朝王安石变法以来积下的老底一下子输得精光。始作俑者，便是耶律大石。

公元 1124 年，昏聩的辽国末代皇帝天祚帝执意向金出兵。在耶律大石看来，这个决定实在是荒唐至极。多次劝阻无效后，耶律大石效法越王勾践，带着二百名亲信夜遁西北，远走可敦城。

不出半年，无法无天的天祚帝被俘虏，辽国灭亡。耶律大石对此痛心不已，他愤慨地对部将们说："祖太宗经过二百年的艰难创业，竟被金朝所灭，他们残害黎民百姓，强占我国领土，使天祚皇帝一直蒙在鼓里。这实在是让人痛心疾首，今天我仗义而西征，希望能够借助诸位的力量剪除仇敌，讨还我河山。"在他的激励下，将士们群情激愤，纷纷发誓要追随耶律大石重振大辽国。

此后，耶律大石在可敦城经过五年的调整，渐渐恢复元气，精兵骑士数量达到万余人。同时，他还成功地拉拢了西夏、北宋及白达达部同自己一起联手抗金。

公元 1130 年，当金兵大举向可敦城进攻时，耶律大石选择了继续西行。

一年后，他率领人马穿过阿尔泰山北麓、叶尼塞河上游的黠嘎斯以及乃蛮的领地，在今天新疆塔城地区的额敏县扎下根，并在那里建了一座也迷里城。

凭借着也迷里三面环山、易守难攻的优越地势，以及水草丰美、土地肥沃的优越环境，耶律大石的实力一步步壮大。他的到来，也让混乱不堪的西域形势出现了新的转机。

据阿拉伯史学家伊本·阿西尔的《全史》记载，耶律大石来到也迷里之后，在这里修筑城池，招抚当地部落，使得部众人数增加到四万户之多，成为雄踞西域的霸主。

公元1132年，耶律大石在部众的簇拥下正式登基，始称"天佑皇帝"，年号"延庆"。人们根据当地部族的习惯，尊他为"菊儿汗"，意思是"汗中之汗"。耶律大石认为，自己创建的政权是辽的正统延续，因此国号依旧为辽。然而，后世的史学家们认为，这个政权应称为"西辽"，因为正统的辽国早在其七年前就灭亡了。穆斯林的史料则称西辽为"哈剌契丹"，即"大契丹国"的意思。

## 问鼎中原

耶律大石登基后不久，就相继降服了高昌回鹘、东喀喇汗王朝、葛逻禄人与康里人等，使他们成为附庸。后又将都城移到巴拉沙衮，改名为虎思斡耳朵，意思是强而有力的宫帐。至此，耶

律大石在西域的地位已经坚不可摧。

不过，耶律大石还是无法忘记自己来自中原。他向部众发起东征号令，并杀青牛、白马祭天，率领七万大军誓师出征。

令人遗憾的是，耶律大石的这次东征以失败告终。他不是败给了金军，而是败给了茫茫的戈壁。

东征不力，耶律大石便转向西征。他的铁骑几乎踏遍整个中亚，无论是西喀喇汗王朝，还是塞尔柱土耳其帝国，甚至是花剌子模王国，都被他一一征服。他在西域大力推行汉文化，注重使用汉人工匠，还广泛传播中原的生产方式与技术工艺。

在宗教方面，耶律大石也展现出了极大的宽容性，无论是伊斯兰教，还是佛教、景教、拜火教，都可以在他的帝国里畅行无阻。以至于后来，《世界征服者史》的作者志费尼误以为他是一位穆斯林；另一位历史学家伊本·阿西尔则认为他是一位摩尼教徒；甚至几千里外的欧洲人曾一度坚定地认为，在遥远的东方，有一位信仰基督教的国王约翰，他率领大军打败了基督徒共同的敌人。

公元1143年，耶律大石死于虎思斡耳朵，他的复辽大业也跟着他一起走向了终结。

许多年后，辅佐成吉思汗东征西讨的另一位契丹人耶律楚材，在途经寻思干时曾颇有感触地赋诗："后辽兴大石，西域统龟兹。万里威声震，百年名教垂。"以此铭记这位同族前辈。

✿ **相关链接：**

### 耶律大石西迁的意义

契丹贵族耶律大石在大辽国灭亡的时候，率兵西行。他在亚洲内陆转战了十多年，行程上万里。

他打败了塞尔柱帝国，降服了高昌回鹘王国、东西两喀喇汗国、花剌子模国及乃蛮、康里、葛逻禄等部落，使其成为自己的附庸，最终建立了西辽帝国。

耶律大石在西辽的统治时期，本着兼收并蓄的思想，使契丹文化、汉文化在中亚地区得到弘扬，促进了欧亚文化的交流；维护了中亚地区近百年的稳定；推动了中亚地区社会经济的向前发展。

# 辽代人怎么纳税

辽代的赋税制度是根据不同地区的不同经济发展状况而制定的。一般分为州、县、部族、属国、属部等不同级别，徭役名目繁多。赋役制度的主要承担者是契丹、汉族、渤海等族人民，因俗而治。在实施的过程中，辽国沿袭中原的制度有所创新，是辽代赋役制度的基本特色。

## 多种税赋

赋税，是一个国家财政收入的主要来源。所以，辽国在建国的时候，也制定了赋役制度。

辽人要承担的赋税种类繁多，不仅要承担政府摊派的各种兵役，还要承担修城役、修河堤等各种出力的劳役。征收对象主要是从事农耕的各州、县民户，隶属于辽代各部落、契丹等族的部民，

以及边远地区的少数民族部落族人。

辽代的赋税等级分为州县、部族与属国、属部。依据不同的社会发展状况，州县、部族与属国、属部的赋役制度轻重也各不相同。所谓隶属州县的民户，主要是从事农耕的汉族、渤海族等州县的农民。

税赋征收的时间是，每年夏季六月至九月第一次，秋季十月至十一月是第二次。《辽史拾遗》卷十五记："契丹统和十八年，北方的节气比南方晚，应根据当地的季节气候执行。尤其是大小麦、豌豆，应六月十日起征，到九月底必须交足。正税、匹帛钱、鞋地、榷曲钱等，六月二十日起征，可在十月底之前交足。"这说明，辽代的税制是沿袭后唐时的制度，实行夏、秋两季收税。

赋税的类别主要包括正税、匹帛钱、鞋钱、地钱、榷钱、农器钱、户丁税、盐铁钱、义仓税等。其中，匹帛钱是在纳税以外，每匹帛再纳钱若干文；地钱是在正税外，每亩另缴若干文；鞋钱是照地亩数再纳军鞋若干双而规定的钱数；盐铁钱主要则是指盐税与铁税。

盐铁自汉唐以来，都是国家专卖，不准私人经营，辽代时也不例外。当时，辽国境内产盐很多，上京有广济湖盐泺①，西京有丰州大盐泺，南京有香河、永济两盐院。对此，上京还设了盐铁司，

① 泺：luò。

主要用来管理国家盐铁税收等多项事宜。辽国曾多次下诏严禁私贩盐、铁，却屡禁不止。

头下军州民户的赋税征收，与一般州县不一样。关于头下军州的赋税，元好问在《中州集·李晏传》中提道："输租为官，且纳课给其主，谓之二税户，大定初免为民。"

应历年前，曾有过赋役不均的现象，但耶律挞烈当了南院大王后，这种现象有所改变。根据《辽史·耶律挞烈传》记载：耶律挞烈在应历初升为南院大王，他均平赋役，鼓励人民耕种，加强人口管理，促进了当地的人口增长。

对契丹、奚族等辽国内部民族部民的赋税征收，除征收粮食外，还要征收牛羊。据《辽史·耶律室鲁传》记载，耶律室鲁当北院大王时，由于本族的牛羊较多，可族中的人口较少，所以耶律室鲁便用自己年老的牛羊皮抵税。

# 细化徭役

辽代的徭役主要有军役、戍守、侦候、治公田、杂役、修堤、筑路、运输、驿传、生产等多种。

辽国百姓有担负军役、戍守、侦候的责任与义务。辽国法律还规定，凡是十五岁以上、五十岁以下的男性都要服兵役。其中，

契丹的本族男子，多属于宫帐、部族，即隶属于御帐亲军、宫卫骑军。而汉人当兵的，则被称为"番汉转户"。

据《辽史·兵卫志》中记载：上京、中京、东京，这三个地方的服役人数有二十二万六千一百人，以汉人居多。析津、大同、故汉地，服役的有八十万六千七百人，这是契丹、汉族、渤海族等服兵役的情况。

从辽建国初到辽圣宗时期，战事一直比较多，因此，辽的每户男丁都有服兵役的义务。辽国分派徭役的原则是以家族人数的多少为基准，除未成年和年老的人之外，每个家族中的成年男子都要服徭役。

服徭役的另一个原则是"以贫富为等差"。即富有家庭出身的子弟抵御边防，贫困家庭的子弟负责侦察。就算家中没有成年男子，也要请人代替。

由于辽国西部边疆的边界线比较长，疆土辽阔，所以守卫边防的任务很重。这使辽国西北边疆的少数民族所承担的徭役，要比内地繁重。承担这些任务的，多数为契丹部民和州县民众。但是契丹贵族及少数民族部族的首领，是可以免除徭役的。一些契丹部族中，被摊派的徭役较重，但是家中人口又很少，朝廷会给予减免。

## 辽代人是什么打扮？

辽代男子一般都梳着发髻，或头戴幞①头，通身穿圆领长袍。

女子也同样梳髻，但髻上插有发饰，耳朵上挂着耳环。上身穿窄袖短襦，下身穿曳地长裙，腰的左侧还垂有一条绥带，带上还打有一结。

这种服饰在辽代被称为"汉服"，也称"南班服饰"。它与契丹族的"国服"不同，这种服饰不仅百姓可以穿，汉族的官吏也可以穿。

河北宣化辽代张世卿墓的壁画中的仆从，就是头戴幞头，身穿襦裤。

---

①幞：fú。

# 西夏：
# 偏安一方的党项人

# 西夏党项族的起源

文献中记载，最早的党项人被称作"党项羌"，他们被归为汉代西羌的后裔。自古以来，羌人就占据着青海湖周围的草原和青海湖以南的黄河、大通河、湟水源头附近的山地。这一片地区的边缘地带，就是位于吐蕃东北部、人们习惯称作安多的地方。

## 党项族语言

党项这个名字最初是在鄂尔浑突厥鲁尼文碑铭中出现，时间是公元735年。

这个字最初的来源是某种阿尔泰语系的形式。后来，党项就成了北亚和中亚地区对于某些居住在青海湖、甘肃等地区的部落群体的通称。

　　这个名称一直使用到 19 世纪。在汉文、突厥文、阿拉伯文的文献中，以及 19、20 世纪前，前往汉、藏交界地区的西方探险家的传记中，都广泛使用了这个称谓。

　　在党项人的语言中，党项人自称为"Mi""Mi-·lah"或"Mi-·ag"。汉语意思是"缅药"或者"弭药"，"Mi-·ag"则是藏族文字中对党项人的称谓。

　　公元 7 世纪，唐史中曾明确记载："其故地陷于吐蕃，其处者为其役属，吐蕃谓之弭药。"在吐蕃的文献中，"Mi·ag"则是指位于北方的一个王国，也就是青海湖以东及东北的地区。到了最后，这个词演变为对整个西夏领土的称呼。

　　公元 11 世纪，青海湖的吐蕃人和于阗人在与宋朝君主的书信来往中，就以这个名字来称呼西夏的党项人。到 13、14 世纪，"Mi-·ag"这个词就与蒙古语的"kashin"意思相同，指称原来西夏的臣民和属地。

　　在四川西部的地名和传说中的木雅和木讷，也属于"Mi-·ag"的另一种称谓。"Mi-·ag"是一个得到广泛使用的名称，但是对于它的种族和地理属性，迄今为止也不是十分清楚。

　　党项人在发展过程中受到了周边地区文化的深刻影响，尤其是东亚大陆的吐蕃、汉、蒙古等文化，对党项文化的影响极大。

# 部落迁徙

公元 4 世纪到 7 世纪，青海湖地区处在吐谷浑鲜卑政权的统治下。鲜卑政权的缔造者吐谷浑是慕容部人，他在 4 世纪初率部从东北迁徙到青海湖地区，创建了以他的名字命名的政权。吐谷浑政权统治羌人地区的腹地，在青海湖周围水草丰美的牧地上过着游牧生活，族中的年轻人也和当地人结成了联姻关系。

公元 581 到 618 年，党项人是作为吐谷浑属部宕昌①和邓至的遗种出现在书中的。他们最初出现是在 6 世纪末，这个时间恰恰是突厥第一汗国的崩溃和唐朝兴起的时间。公元 628 到 630 年，唐朝军队击溃突厥人，粉碎了突厥与吐谷浑的联盟。

此后不久，新兴的吐蕃政权的军队也开始从西南部进攻吐谷浑，并对党项造成了巨大压力。公元 680 年，吐蕃人取代了吐谷浑在青海湖地区的地位，迫使众多党项人逃离故土。

这些事件引发了一系列民族大迁徙，生活在唐朝西北部草原和边缘地区的民族开始大批涌向东方，寻求自己的领地。其实，早在公元 584 到 585 年，就有一大批党项部落在其首领拓跋宁丛的率领下归顺隋朝，但是他们并没有提出重新定居的要求。

公元 6、7 世纪时，党项社会是由"互不相统"的部落或"姓"

①宕昌：宕，dàng。宕昌，今隶属于甘肃省陇南市。

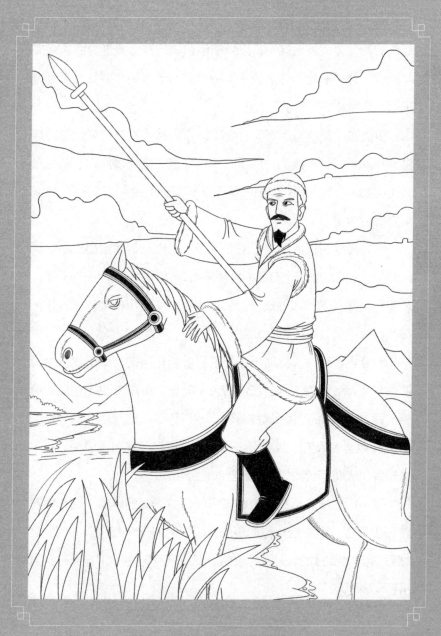

组成的，部落或姓的区别，以其能够召集的骑士数量为准。据文献记载，这时的党项部落的主要特点就是盗窃和掠夺其他部落的东西，并且还衣衫不整。

即使如此，他们之间却极为团结。虽然平时看起来他们对谁也不理睬、打打闹闹的，但是只要有异常的突发事件，他们便立刻团结起来一致对外。他们主要依靠羊、豕①、牦牛、马、驴等家畜来维持半定居生活。

西夏政权在很大程度上是由党项拓跋部及其联盟创建的。从一开始，拓跋就是一个有名的党项部族，与早期的党项部族不同，拓跋氏是高贵的鲜卑姓氏，而且是后魏皇室所出的部族。另外，在吐谷浑中也有姓拓跋的部族。

部分学者认为，党项拓跋部就是吐蕃化了的鲜卑上层，他们就像其先辈吐谷浑一样，统治着大量羌人。早在 11 世纪初期，第一位西夏皇帝就提出了这种解释，他自称是后魏统治者的后裔。但是其他学者认为，西夏皇帝说自己与后魏皇室有亲缘关系，不过是为了表明其统治的合法地位的一种手段。

在中国北方，拓跋这个姓氏曾经有着崇高的威望。而作为在党项政治上占有统治地位的拓跋集团，他们最初与吐谷浑结盟，然后摆脱吐蕃的统治归附于唐朝。到了西夏时期，又与契丹结盟

---

①豕：shǐ，猪。

反对吐蕃。尽管他们与中原有过长期的不和经历，但是党项族却始终与内地保持着密切关系。

❀ 相关链接：

## 西夏人的宗教信仰

西夏统治者笃信佛教，西夏建国前，李德明曾遣使赴宋朝河东地区的五台山进香，并向宋朝求赐佛经。

景宗李元昊也向宋朝求赐佛经，还组织僧侣用新创的西夏文翻译佛经，并在首都兴庆府东修建高台寺。

崇宗乾顺时期，不仅在凉州修缮护国寺、感应塔，还在甘州建造崇庆寺、卧佛寺等；公元1090年，西夏人还完成了西夏文翻译的《大藏经》。

仁宗仁孝时期，更是大量刻印散施佛经。黑水城遗址中发现的大量西夏文的刻本和写本大多是佛经，可见西夏佛教传播的繁盛。西夏佛教前期来源于中原佛教，中期是回鹘佛教，后期是吐蕃佛教。

# 李元昊治理西夏国

　　李元昊是西夏的开国皇帝，他的祖籍在银州，是北魏
皇室鲜卑拓跋氏的后人。李元昊建国后，通过创立年号、
修宫升府、设立百官、制定服装礼仪、创建擒生军、设立
十二监军司等一系列举措，进一步巩固了国力。同时，又
通过发动三川口之战、好水川之战、麟府丰之战、定川寨
之战等一系列战役，正式与辽兴宗对战，奠定了宋、辽、
西夏三分天下的局面。

## 建立基业

　　李元昊的远祖拓跋思恭在唐朝时因功被赐李姓。李元昊继承
西平王的王位后，想认祖归宗，便不再姓李，而自称嵬<sup>①</sup>名氏，直

_____

①嵬：wéi。

到公元 1047 年才又改回李姓。

公元 1028 年，李元昊的父亲李德明为巩固和发展西夏政权，采取饱占河西走廊的战略，令二十四岁的李元昊进攻西凉。

李元昊接到这一重任后，采取突然袭击的方法，令回鹘可汗来不及调集兵力便被攻破。此后，李元昊又用同样的办法令瓜州、沙州相继投降。李元昊也凭着这显赫的战功，被册封为太子。

接着李元昊又遵照父亲的意愿，在率军回师途中，声东击西乘势攻下西凉。李元昊突袭甘、凉，不仅使党项的势力扩展到河西走廊，也给年轻的自己再次赢得声望。

公元 1032 年十月，李德明病逝后，李元昊在兴州凭太子的身份和自己显赫的战功，登上西夏王的宝座。

这个时候，由西夏控制的地域有黄河东、玉门关西、萧关南，以及大漠北足足二万余里地，形成了宋、辽、西夏三足鼎立的局面。

## 巩固国力

公元 1038 年，李元昊在亲信大臣野利仁荣、杨守素等人的拥戴下，在兴庆府南郊高筑祭坛，登上皇帝的宝座，国号"大夏"。

李元昊建国后，在疏通原有渠道的基础上，又修建了长达二百余里的水利工程，使首都兴庆府周围的田地成为西夏主要的

粮食生产区之一。同时，李元昊还设置了"农田司"，以进一步加强农业管理。

畜牧业也是西夏的传统经济，河西走廊、平凉地区则自古有"畜物甲天下"的美誉。著名的"党项马"和其他牲畜、畜产品都是党项族与汉族贸易交换的主要商品。

但是，由于频繁的战争，大量牲畜和"党项马"在战争中被损耗。为了使本民族的传统经济得到持续发展，李元昊专门设立了负责管理全国畜牧业的"群牧司"。

西夏建国初年，教育事业并不发达，李元昊便注重汉族的知识分子为自己效力。据《宋史·夏国传》记载，李元昊的智囊团有嵬名守全、张陟、张绛、扬廊、徐敏宗、张文显等。除了嵬名守全是党项人外，其余都是汉人。

为了拥有本民族自己的文化特色，李元昊还主持创制了西夏文字。并且规定，西夏国内所有的艺文诰牒，上自官方文书、下至民间日常生活，一律都用新制的西夏文字书写。这不仅加强了统一，更对巩固政权起了巨大的作用，这也是李元昊加强民族意识建设的又一突出贡献。

# 改革民风

李元昊为了强化民族意识、增强党项族内部的团结，也为了获得各部落人民的支持，首先抛弃了唐、宋王朝赐封给李元昊祖辈的李姓和赵姓，改姓嵬名，称"吾祖"。

"吾祖"是党项语，意思是"青天子"。李元昊认为自己的祖先是鲜卑拓跋，为了怀念祖先，便保持旧俗，令所有西夏人一律"秃发"。所有西夏人必须在三天之内把头发剃掉，否则一律处死。他自己率先以身示范，剃光头发，还在耳朵上戴上了重重的耳环。

公元 1034 年，李元昊改年号为"广运"，后又改为"大庆"。同年五月，升首都兴州为兴庆府，并在城内大兴土木，扩建宫城。

兴庆府的布局仿照唐朝首都长安、宋朝首都东京的样式。李元昊还依照唐宋王朝的礼仪制度设立文武百官，且在皇帝之下设立中央政府机构。即中书省、枢密院、三司、御史台、开封府、农田司、群牧司、蕃字院、汉字院等；地方分别设州、县；同时还对文武百官、普通百姓的服饰做了严格规定。

# 强化军事

李元昊深知，没有强大的军事力量和严格的兵制，再辽阔的疆土也会成为别人砧板上的鱼肉。为此，李元昊在原有基础上进一步扩大兵力，使军队总人数达到五十多万；他还把十二个部落改成十二个军事行政区，在各驻地置十二监军司。

每一个监军司都设统军、副统军和监军使各一员，由贵戚豪右担任；下设指挥使、教练使、左右伺禁官等数十员，不管是党项人还是汉人都可以担任。

除步兵外，常备军还有骑兵、炮兵、"擒生军"、侍卫军等。

### 西夏人的舞蹈

西夏人能歌善舞，他们日常生活中的歌舞活动十分普遍。其中，还有不少吐蕃人和汉人的歌舞表演者。

舞蹈种类有皮鼓舞、跳麻龙、猫舞、盔甲舞等。

皮鼓舞是一种一手拿类似太平鼓的扇形单面鼓、一手拿鼓槌一边跳一边击鼓的舞蹈。

盔甲舞则是一种源于古代战争生活的舞蹈。跳舞的人手持戈与长弩，头戴头盔，身披铠甲。领舞者的肩上还挂着一串铜铃，一边跳舞一边摇动肩胛，令铃儿叮当作响。

西夏的舞蹈在碑刻和石窟壁画中都留有生动的图像。如建于公元1094年的《凉州护国寺感应塔碑》，碑额两侧就是用线刻的舞伎。她们赤裸着身体和脚，手腕上还缠着佩璎，两两对称地舞蹈，于豪放中又显出妩媚的姿态。

# 野利仁荣辅政

　　野利仁荣是党项族中著名的学者。他不仅学识渊博，精通中国文化，还是西夏王朝建立初期的各种典章制度的参与者和谋划者。他曾受西夏开国皇帝李元昊的委托，亲自主持创制了中国历史上独具特色的文字——西夏文。他也是李元昊最重要的大臣之一，被李元昊封为谟宁令。

## 提倡务实

　　李元昊继位之初，准备废除父辈传下来的沿袭宋朝的旧制度。但是，他的想法却遭到了朝中大臣，尤其是前朝元老的激烈反对。

　　当时西夏在如何建国上，朝臣们持有两种意见，并且形成了两股截然不同的对立势力。一种认为，唐宋的礼仪制度翔实完备，理应照搬；另一种则主张根据党项的实际情况稳步进行改革，反对全盘宋化。

两股势力争得不相上下，李元昊对此也犹豫不决，不知该如何是好。

就在大家争论不休的时候，野利仁荣站了出来。他说，想要一个国家兴旺繁荣，就必须有一套完整的治国方略。如果完全照搬别人的治国方略，各国情况不同，施行起来的效果也不一样。过去，商鞅变法就是根据本国的实际情况来的；赵武灵王实行"胡服骑射"，也是因为他想发展军事。而在实施这些变法之前，他们都做了很长时间的准备，才使改革得以成功。

除此之外，西夏党项族人和汉族人混居，西夏民风强悍，喜欢打猎，常和兵器、马匹打交道，根本没有宋朝人的礼乐诗书气质，完全照搬宋朝的制度在西夏根本行不通。只有根据本国的实际情况制定出相应的法律，才可以与宋朝以及其他民族相抗衡。大家被野利仁荣说得哑口无言，李元昊的脸上也露出了赞许的笑容。

野利仁荣提出的根据本国和本民族的实情确定立国方针和改革的意见，得到了李元昊的认可。这场事关西夏国存亡和发展的讨论就此结束，野利仁荣也因此成为李元昊的心腹。

此后，野利仁荣便建议李元昊在改革礼乐时，为君的要用礼治国，为民的要遵守道德制度。同时，他还要加强各蕃部的团结，

而打仗是次之又次的事情。这些建议，李元昊都——采纳了。

# 创立文字

西夏本没有属于自己的语言和文字，随着党项族的社会发展，为了增强民族意识，野利仁荣认为必须创制一种代表党项族自身特点的文字。

在李元昊的授意下，野利仁荣根据汉字与藏文的特点，在公元1036年，为西夏创制出了属于西夏的十二卷西夏文字。这些西夏文字仿照汉字的造字特点，采用会意合成法，组成了新的文字。

西夏文字的诞生，既是党项民族智慧的体现，也为西夏政治和文化的发展开辟了一个新纪元。

野利仁荣创制出西夏文字后，李元昊便下令遵为"国字"。正式颁布的时候，群臣上表敬献颂词，举国庆贺。为了推广这种文字，野利仁荣派人到民间教授，帮助人们使用西夏文字记事，并不辞辛劳地亲自到各地为人们答疑解惑。李元昊还规定，西夏国内所有的文艺诰牒，一律都用新创立的西夏文书写。

由于野利仁荣的积极推行和大力提倡西夏文字的使用，西夏文字广泛应用于上自官方文书、下至百姓生活的各个方面。

此后，西夏文字在野利仁荣及朝中文人雅士的进一步推广之

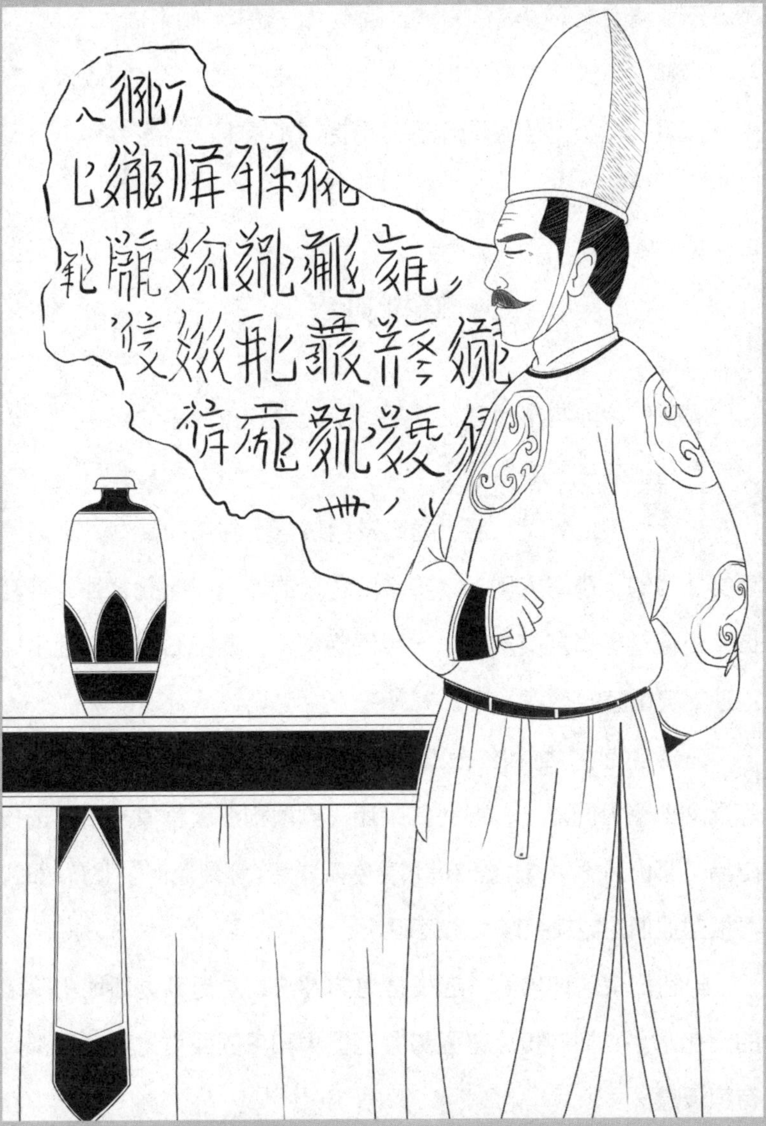

下，逐渐演变成形似汉字的楷、草、隶、篆等不同书体。

西夏文字的产生和发展，为李元昊建立国家、巩固政权、对外交流起到了极好的推动作用。也提高了人们的学习效率，普及了知识文化。

## 修撰典籍

野利仁荣创制出西夏文字后，李元昊还设立了"蕃字院"，委任野利仁荣来主持。

此后，李元昊同吐蕃、回鹘及西域各国往来的文书，均用西夏文字书写，撰写人则是"蕃字院"里的官员。除此之外，野利仁荣还通过翻译汉文典籍、学习汉族文化，逐步归纳出一套用以治理封建国家的书籍。

在蕃字院中，野利仁荣主持翻译《孝经》《尔雅》《四言杂字》等汉文典籍为西夏文，野利仁荣还在党项和汉族官僚子弟内选拔出品学兼优的学生，让他们进入蕃字院学习。等到他们学业有成时，再根据他们的成绩授以大小官职。

野利仁荣这种培养、选拔官吏的办法，对提高党项地主阶级的文化水平、抑制贵族豪强势力的扩大和巩固西夏封建政权都具有积极意义。

公元 1042 年七月，野利仁荣因病去世。李元昊甚是悲痛，一连三次前去祭奠，并下令给予厚葬，封为"富平侯"。公元 1162 年，仁宗仁孝又追封野利仁荣为"广惠王"。

## 西夏是被谁灭的？

使西夏王国走向灭亡的是成吉思汗率领的蒙古铁骑。

公元 1203 年到 1226 年，成吉思汗先后对西夏发动了六次进攻，而且一次比一次凶猛。西夏皇帝率领全国军民进行了艰苦的保卫战，最终因弹尽粮绝、又遭遇了强烈的地震而投降。

蒙古铁骑虽然攻破了西夏，但也付出了惨重的代价。蒙古军死伤无数，成吉思汗也在讨伐西夏的过程中死去。

所以蒙古军占领西夏都城后，便屠城泄愤。而且元朝作为宋、辽、夏、金的后朝，也仅仅修了《宋史》《辽史》《金史》，唯独不修缮西夏的历史。

# 三川口之战

西夏在建国以前，李元昊采取联辽抗宋的策略，多次进攻宋朝边境，以图扩大自己的疆域。由于北宋统治阶级的腐败和奉行屈辱退让的政策，由此助长了开国皇帝李元昊的野心。西夏建国后的第二年，李元昊为了树立自己的权威，便开始对宋朝边境大举进攻。延州既是宋朝西北边境的军事要地，也是西夏出入的要冲。因此，这里成为李元昊对宋战争的首要目标。

## 边界之争

西夏占领河西广大地区后，李元昊对西夏军队进行了重新编制。首先，他以黄河为界，在西夏国内把军队划为左、右两部厢军，设十二监军司，分别命以军名并规定驻扎地，完善了西夏军

队的指挥体系。在进行了一系列的整合和有针对性的军事测试后，公元1040年春，李元昊亲率大军，以宋朝延州为目标，开始了大规模的战争。

彼时，宋、夏两国均沿着西夏南部边界与宋毗连相接处的山界积极布防。李元昊为了突破宋军防线，经过多次进攻和派人侦察，摸清了宋朝整个西北边防的情况。

西夏想要攻取延州，就必须先扫清外围的屏障，所以他们的目标便是金明十八砦<sup>①</sup>。北宋守将李士彬是西北世族名将李继周之后，李继周当年曾经大破西夏军，获器甲六十余万。可惜，李士彬虽号称"铁壁相公"，实际上却是有勇无谋之辈，而且为人残暴。本来，李士彬因为杀死了自己的亲戚而犯了死罪，但朝廷念他有功，便免了李士彬的死罪。

李元昊针对李士彬为人贪暴的弱点，首先用了反间计，试图借宋人之手杀掉李士彬。

李元昊派人带着书信、锦袍、金带等物到金明县境内，并称李士彬想造反。不过，这离间计被鄜<sup>②</sup>延副都部署夏随识破。离间计失败后，李元昊又暗中派人到金明寨劝李士彬投降。李士彬斩杀了使者，拒绝投降，这个计划又成了泡影。

---

①砦：zhài。
②鄜：fū。

李元昊不甘失败，又想出一条毒计，派出大批士兵假装投降。李士彬原本准备把这批人送到南方，但后来听了范雍的建议，将这批士兵全都编入自己的部队里。李元昊见计谋得逞，便带兵围攻李士彬，大批内应也同时杀出，李士彬大败。逃跑时，内应又故意牵了一匹劣马给李士彬骑，结果，李士彬被李元昊逮住，割了耳朵。

石守信的孙子石元孙和西北高级军官刘平率三千骑兵前往支援延州。延州虽然疆域辽阔，但知州范雍只知贪图享受，致使城池防御甚少，且城墙破旧。此时，延州仅有百余兵力把守，与西夏的十余万兵力相比，明显处于劣势，由此成了李元昊攻取宋朝的一大突破口。

范雍从来没有见过这般阵势，吓得丑态百出，钤辖卢守勤也吓得号啕大哭。于是，范雍和卢守勤便谋划着和西夏人议和，命令都监李康伯去谈判。李康伯听到范雍要议和，当即大怒，并义正词严地拒绝了，还让范雍杀了他。范雍和卢守勤没有办法，只好连忙召集人马保卫延州。

## 延州决战

延州危急时刻，一支精锐的宋军部队正飞速赶往延州，带队

的是宋朝名将鄜延、环庆副都部署副总管刘平、鄜延副都部署石元孙。刘平率领人马赶到距三川口十里路程的地方时，发现其他各路人马都没到，便又往回走了二十里，与鄜延路都监黄德和部所率的两千人马，以及巡检万俟①政、郭遵部会合。

此时，宋军的数量仅万余人，西夏军则有约十万人，宋军处于明显劣势。有部下向刘平提出双方实力过于悬殊不宜开战，但刘平轻敌，派兵杀向了延州。

李元昊得到这个消息后，又心生一计。他派人冒充范雍的手下对刘平说："范雍大人正在东门等候将军，不过他害怕有奸细混入，希望将军的部队分批出发。"刘平的部队距延州有二十里。听了这话后，立即将部队分成五十支分队，分批出发。在离延州五里的三川口处，他们遇到了李元昊的部队。西夏军早已摆好阵势，准备开始进攻。

西夏军首先发动进攻，刘平立即下令反击。随后，刘平身先士卒，宋军将士也异常勇猛，并带着武器蜂拥向前，一场混战就此展开。西夏军死伤惨重，数千人阵亡，盾牌都被宋军夺走，刘平的头部、腿部都受了伤，但仍然坚持战斗。傍晚时分，西夏军又从西南方向冲击宋军，宋军部队被冲散。

就在这危急时刻，宋朝大将卢政带领二百名士兵的强弩队赶

---

①万俟：mò qí。

到，将西夏军乱箭击退。但是不久，西夏又派出轻装部队杀到了宋军阵前。由于征战的疲惫，宋军一时难以抵御，便向后退了几十步。都监黄德和见前军后退，便头也不回地逃往了甘泉。宋军见主将已逃，也纷纷逃散，仅剩上千宋军顽强抵抗。

西夏人见宋军大乱，便加紧了攻击。宋将郭遵见大势已去，独自一人杀入西夏战阵，最终惨遭西夏军杀害。

宋军的节节败退使李元昊洋洋得意，便派人前去劝刘平投降，刘平不予理睬。李元昊又派人送去一封伪装的宋军文书，骗刘平说宋军已经投降，让他快点就范。结果，伪装的投降书被刘平撕得粉碎。

恼羞成怒的李元昊跨上战马，带兵朝宋军冲去。宋军早已筋疲力尽，毫无还手之力。在军阵东边巡查的刘平和石元孙被俘获，残余的宋军全部被歼灭。

三川口战役结束后，被关在狱中的刘平一直不肯屈服，直到病死在西夏。石元孙虽被放回了宋朝，但不久也耻辱地病死了。

## 西夏人的葬礼

西夏党项族人的葬礼主要有水葬、火葬、土葬、塔葬四种。

水葬，是先堵住河水，在河床的石板上凿一个洞穴，把死者葬入石穴后，再恢复河水流动。西夏太祖皇帝李继迁在进行反宋战争期间，便把自己的先祖彝昌葬在了榆林红石峡。

火葬，是将死去的人烧掉，将骨灰装入陶罐、小石棺内等容器再埋入坟墓。火葬吸取了佛教僧侣火化遗体的习俗和汉族土葬的影响，是羌、汉、佛三大葬俗的合成，构成了一种礼仪繁缛而且铺张浪费的火葬形式。

土葬，由于蕃汉长期杂处和习俗上的影响，西夏很早就实行了土葬。

塔葬，则是用墓塔放置尸骸、遗骨和遗物，是最高贵、庄严的葬法，只有高僧大德才能享此最高等级的殊荣。

# 李元昊身后的王权之争

西夏开国皇帝李元昊死前，曾想把王位传给自己的儿子宁令哥，但是李元昊宠妃的兄弟没藏讹庞却坚决反对。在没藏讹庞的唆使下，李元昊抢夺太子妃为皇后，招来宁令哥的弑杀。李元昊死后，宁令哥也被处死，此后李元昊幼子继位，没藏讹庞专权。

## 毅宗为王

李元昊和宁令哥都死后，没藏讹庞把刚刚满周岁的李谅祚立为皇帝，大权则由没藏皇太后和没藏讹庞把持。

没藏讹庞专权后，便着手排除异己。他册封自己十八岁的儿子富哥为殿前侍大夫，而他自己出入的仪仗、待遇和皇帝别无二致。

公元 1056 年十月，没藏皇太后和宝保吃多到贺兰山打猎，回来的路上，被李守贵派去的化装成吐蕃的骑兵杀死。没藏太后一死，担心自己没有了靠山会招来不测的没藏讹庞，便设计杀了李守贵全家，并把自己九岁的女儿强行嫁给小皇帝李谅祚，逼李谅祚把自己的女儿立为皇后。如此，没藏讹庞便有了国舅和国丈的双重身份。

公元 1059 年，十二岁的谅祚开始参与国事。这时的谅祚已经开始懂事，对没藏讹庞独揽朝政、利用后族操纵皇室的做法非常不满。于是，谅祚便令自己手下的高怀玉和毛惟昌监视没藏讹庞的行踪。

后知后觉的没藏讹庞觉得自己犯了个大错，那就是没有认真筛选皇帝身边的人，特别是对高怀玉和毛惟昌放松了警惕。为了控制谅祚，没藏讹庞便设计除去了这两个人。从此，皇帝和国丈之间就种下了仇恨的种子。由于没藏讹庞的势力过大，羽翼尚未丰满的谅祚只好暗中积蓄力量。

公元 1061 年，谅祚对没藏讹庞的专权越发不满，朝中大臣也对没藏讹庞怨声连连。谅祚加紧了培养自己势力的步伐。

一日，没藏讹庞正在家中喝酒，内侍官突然召他进宫，没藏讹庞想也没想就跟着去了。结果，内侍官把没藏讹庞带到一处密室里。没藏讹庞一进密室，谅祚便立即命人关门，早已布置好的

侍卫一拥而上，把没藏讹庞抓了起来。另一边，谅祚的另一支亲兵也包围了国相府，把没藏讹庞家中的所有成员全部抓获。

谅祚以没藏讹庞谋反的罪名，把他的一家老小全部斩首。没藏家族在西夏国做官的八十多人也被一一处死，从此结束了没藏氏一族专权的局面。

# 谅祚亲政

谅祚亲政后，为了适应社会的发展，也进行了一系列改革。起初，李元昊为了建立党项割据政权与宋朝抗衡，在国内提倡蕃礼，推行党项旧俗。然而，党项族在唐初迁居西北以后，就与当地的汉族杂居，受到了汉文化的深刻影响；再者，西夏境内汉族人口占多数，各级官僚机构中也有大量汉人任职。因此，为了取得汉族地主的支持，谅祚的第一个重大改革措施就是去蕃礼从汉礼。他下令国内停止使用蕃礼，要求国人改穿汉族服装。

谅祚特别崇尚中原文明，经常收留和结交宋朝人士。并于公元1063年改用汉姓，使用唐朝皇帝赐的"李"姓。谅祚对李元昊设立的十二监军司的军名和屯驻地点也进行了部分调整，不仅加强了宋夏边境的军事力量，还改变了军政合一、各监军司权力过大的弊病，实现了地方文武官员相互制约，巩固了西夏中央封建集权。

谅祚还在西夏原有的官制基础上，仿照宋朝官制，增设了各部尚书、侍郎、南北宣徽使以及中书学士等官职，任命汉族官员担任。此项改革，使西夏中央官制比李元昊时期更加完备。

## 太后专权

公元 1067 年冬天，二十一岁的谅祚突然去世，他的儿子秉常即位，称为"惠宗"。

由于秉常才七岁，所以由他的母亲梁太后摄政，梁太后的弟弟梁乙埋担任国相。梁太后和梁乙埋姐弟专权期间，排斥嵬名氏家族的贤臣良将，大力发展母族势力，凡是近臣要职，均由梁氏子弟或亲戚担任。

公元 1076 年，秉常十六岁了，依照祖制，他到了成婚亲政的年纪。梁太后亲自为他操办婚事，把亲侄女也就是梁乙埋的女儿册封为皇后。

梁太后虽然让秉常亲自执政，但实权仍握在自己手中。秉常自幼酷爱中原文化，他熟读经史，便也想效仿祖父李元昊施行汉法，遭到了梁太后及其党羽的强烈反对。

公元 1081 年，夏国将军李清向秉常建议，将黄河以南的不毛之地归还宋朝，以便借助宋朝的力量削弱梁氏的势力。秉常接受了李清的建议，并派李清到宋朝联系。不料，此事被梁太后知道后，竟暗中派人诱杀了李清。

李清被害后，梁太后又与梁乙埋、罔萌讹设计将秉常囚禁在兴庆府外的木寨行宫。秉常被囚禁后，失去了与外界的一切联系，每天只能在行宫里抄写佛经度日。

梁氏发动政变的消息传开后，秉常的亲信大臣及拥护他的各部落酋长、首领，纷纷拥兵自卫，固守堡寨，开始与梁氏对抗。分领右厢兵马的仁多簇不听梁氏的调遣，与西夏皇室通婚的吐蕃将领禹藏花麻以秉常失位为借口，请宋朝发兵征讨，并表示只要宋朝出兵，愿举族内应。

夏国国内因此大乱，西夏王朝由此出现了严重的分裂危机。

### 西夏立国多少年？

西夏是以党项羌人为基础建立起来的政权，与其他少数民族建立的政权相比，西夏存在的历史时间较长。

女真贵族建立的金朝，入主中原后，经历了一百二十年。元世祖建立的元朝，只有九十八年。就算把成吉思汗创建的蒙古汗国算在一起，总共也才一百六十三年。之后历史上国运长久的，辽政权存在了二百一十年；另一个便是清朝，立国二百七十六年。

但如果把西夏从唐末五代的夏州政权时算起，那么西夏国存在的时间长达三百四十七年。

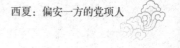

# 任得敬的阴谋

都说"人心不足蛇吞象"，宋朝西安州通判任得敬就是这样的人。任得敬为了巩固自己在西夏的地位，用女儿做交易换来高官；后来又通过贿赂、巴结权贵，成为国丈。西夏仁宗对他处处宽容，他却并不满足，还想仗着自己越来越大的势力，企图分国，最终被人识破。

## 精心谋划

西夏兵攻破西安州时，任得敬率满城军民投降，当时西夏在位的皇帝是李乾顺。

为了进一步得到乾顺的重用，任得敬于公元 1137 年四月将自己十七岁的女儿送给乾顺做妃子。当时乾顺帝已经五十五岁了，有人送给他这样一个年轻貌美的女子，他自然很高兴。不但给了任得敬很多赏赐，还提升任得敬为静州防御使。

任得敬并不满足，他还想让自己的女儿做皇后。所以，他贿赂朝内掌权的大臣以及皇族宗室中执掌大权的人。在这其中，就有御史大夫芭里祖仁，芭里祖仁对乾顺帝说："自古以来，一人娶九女，目的就是为了传宗接代。但是，妻和妾的位置不能颠倒，名号也不能虚设。如果两妃并立，地位、名号平等，没有嫡庶之分。时间久了，恐怕会互相嫉妒、互相不服。那怎么能够防止、避免呢？我觉得您应该选择一个门第相当且各方面都很优秀的女子做皇后。"

乾顺帝随后又征求大臣们的意见，得了任得敬好处的大臣都说："这个意见好！要说门第才德，恐怕没有一个人能超过任妃。"于是，乾顺帝便立任得敬的女儿为皇后，任得敬也被擢升为静州都统军。

公元1139年，乾顺帝去世，他的儿子仁孝继位。

## 入主内廷

公元1140年，夏州统军李合达据城叛西夏，包围了西平府，攻陷了盐州，还派游骑直逼贺兰。

任得敬便暗中部署兵力，同时还向仁孝建议，由他带兵直捣夏州。在经得仁孝许可后，任得敬挑选出精悍士卒三百人，把夏州周围戍守烽火台的兵士全部抓住。又派五千骁骑迅速攻入夏州城，守城的叛军仓皇应战，最终全部溃败而逃。任得敬将李合达的妻子儿女全部俘获，还对城内的兵民进行安抚，并打开粮仓赈济贫民，夏州之乱就这样平定了。

李合达听说夏州失守，急忙从灵州前线撤兵营救，但他的部下却因此溃散了不少。到了盐州，李合达与任得敬相遇，结果再次大败。李合达策马向北一直逃到黄河渡口，结果还是被任得敬杀死。

任得敬成功平定了李合达的叛乱，进一步得到了仁孝的信任。同年十二月，任得敬被擢升为翔庆军都统军，封为"西平公"。

次年，濮王仁忠病故，任得敬便用金银珠宝贿赂晋王察哥。在察哥的举荐下，仁孝封任得敬为尚书令，后继升为中书令。

公元1156年，晋王察哥去世。为了补缺，任得敬被擢升为国相。从此，任氏家族成员先后入朝，成为当朝权贵。任得敬让自己的弟弟任得聪担任殿前太尉、任得恭为兴庆府尹、族弟任得仁为南院宣徽使、侄子任纯忠为枢密副都承旨。任氏家族把持了西夏王朝的军政要职，羽翼丰满的任得敬还胁迫仁孝封他为楚王，待遇几乎与皇帝无异。

## 篡位野心

公元1165年，任得敬征发十万百姓修筑灵州城，大兴土木，建造宫殿。其篡位野心，昭然若揭。

任得敬专横跋扈，朝中群臣都敢怒不敢言。御史大夫热辣公济愤然上疏，斥责任得敬的胡作非为，请予罢免。任得敬大怒，想要设计杀害热辣公济。仁孝怕热辣公济遭到任得敬的暗算，便让他辞官回乡了。

公元1170年，任得敬公然向仁孝提出"分国"。因任得敬握有军权，仁孝不得不把西南路和灵州罗庞岭一带的区域划给任得敬。任得敬奸计得逞后，又进一步胁迫仁孝派遣使者奏报金国，请求册封。

看清了任得敬本来面目的金世宗直接拒绝道："一国之主岂肯无故将国土分给他人，这一定是受到权臣威逼。夏仁宗仁孝向我称藩多年，如今受到贼臣胁迫，我身为四海之主，岂能坐视不管。如果西夏主不能自立，我当发兵助他镇压叛臣！"于是驳回了夏国的贡物，同时还下诏，表示将遣使前往西夏调查此事。

遭到了金国的拒绝，任得敬便转而向大宋献媚，企图借助大宋的力量自立。任得敬密通大宋，约宋四川宣抚使虞允文夹攻金人。

可是，宋密使却被西夏国捕获了，任得敬的阴谋败露。仁孝在金国的帮助下，抓捕了任得聪、任得仁等人，又将任得敬及其党羽全部诛杀。

一场分裂阴谋就此告终，西夏政权终于转危为安。

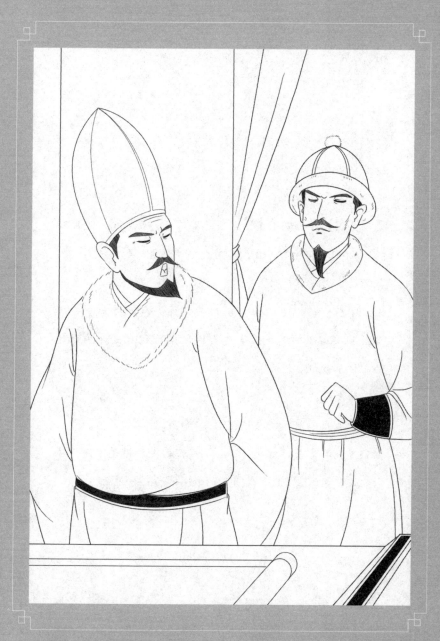

## 党项人去了哪里？

党项人虽然在抗蒙战争中失败了，但是蒙古人却担心他们会卷土重来，便令他们分别迁往各地，以分化他们的民族情感。

在蒙古人的逼迫下，党项人不得不离开故土，流散到各地。在与其他民族的共同生活中，党项人逐渐被同化，并融入其他民族中。

现在，四川的西北部有北川、茂县、汶川三个羌族自治县，这里的羌族人与党项人之间可能有更近的血缘和文化承袭性。

据考证，西夏灭亡后，有一支人数较多的党项人为了躲避蒙古人的屠杀，集体逃到了四川西北部等地。但是，他们并没有本民族的文字，他们所说的羌族语是不是党项人的语言也无法确定，其身份的真实性还有待证实。

# 中兴之王李仁孝

西夏仁宗李仁孝是西夏的第五位皇帝，在西夏国存在的一百九十年中，仁孝统治长达五十四年，是西夏在位时间最长的皇帝。他用外交手段为西夏求得了和平的环境，又在国内大力倡导文治，用先进的汉族文化促进了西夏封建社会的发展，为国内经济繁荣创建了一个较为稳定的环境。他统治期间，西夏经济繁荣，出现了前所未有的盛况。

## 审时度势

仁孝出生的第二年，金国灭掉了辽国。仁孝三岁的时候，金兵攻破宋国首都汴京，掳掠徽、钦二帝北去，北宋政权溃灭。不久，赵构在南京即位，建立了偏安东南的南宋政权。中原大地上这一政治形势的急剧变化，给予了西夏王朝有利的发展时机。

在此之前，西夏和宋、辽三足鼎立，西夏则在辽、宋两国之间左右逢源，时而与宋交好，时而又依附辽国。后来宋室南迁，辽朝灭亡，西夏完全处于新兴发展起来的金国的包围之中。国家究竟该如何发展，西夏的内政、外交都受到了严峻的考验。正是在这样严峻的时刻，李仁孝登上了西夏的政治舞台。

　　面对种种严峻局势，仁孝审时度势，决定与金通好，承认其宗主国的地位。为了和金国搞好关系，求得自身的独立发展，仁孝每年都会派许多使者前去金国朝贡。在仁孝一代，西夏派往金国的使者达一百四十多次，差不多每年都有两次之多。如此频繁的外交活动，正是为了和金搞好关系，求得和平共处，给本国的经济发展提供安定的环境。

　　金世宗时，金国发觉在金、夏双边贸易中，西夏人总是用珠宝换取金国的丝绵。金国认为，西夏是拿无用的东西换了他们有用的东西。于是立即关闭了保安、兰州榷场，给西夏的贸易带来困难。仁孝知道后，命令使者向金国进献西夏的宝物"百头帐"，以表示对金的诚心，借此要求恢复关闭的榷场。

　　经过再三交涉，终于取得了金国的同意，从这件事可以看出仁孝灵活的外交政策。纵观仁孝的一生，虽然也曾利用金国侵略宋国的机会，派兵到金国和宋国的边境掠地，但都是一些小摩擦，大部分时期都在和金国友好相处。

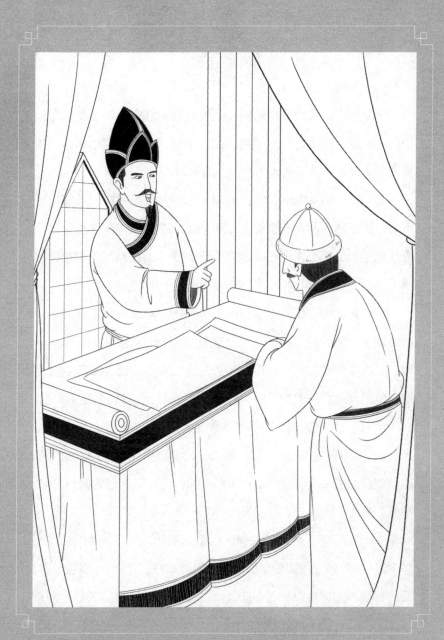

# 解除危机

任得敬原是宋西安州通判，西夏兵攻破西安州时，他把自己的女儿进献给仁孝的父亲乾顺为妃，又以贵重财物贿赂朝廷显贵及宗室掌权者，设法把他的女儿立为皇后。

第二年，仁孝继位，任氏被封为太后。任得敬在仁孝即位后不久，便妄图入朝参与国政。仁孝为了维护国家内部的稳定，没有让他入朝，而是采取了加官晋爵的办法，封任得敬为都统军、西平公，以安其心。

野心家的欲望本就是无止境的，任得敬的政治资本越捞越大，最终跃居相位，几乎控制了整个朝廷。但是，仁孝依旧忍耐着，为了笼络任得敬、借助任得敬的势力，仁孝于公元1160年封任得敬为楚王，所受待遇几乎和仁孝一样。尽管如此，任得敬还不满足。同年十月，任得敬请仁孝废弃科举取士制度，以利于他任意擢用亲信。仁孝对任得敬的企图一清二楚，并没有采纳他的意见。任得敬便企图进一步篡国，想让仁孝居瓜州、沙州，自己则霸据灵州、夏州等中心地带。

公元1167年，任得敬生病，仁孝得知后，不计前嫌地派使臣到金国请来名医为任得敬医治。但任得敬病好后，不但不知恩图报，反而还变本加厉地以兵权要胁，逼仁孝在公元1170年五月将西夏国的西南路以及灵州等地分给自己，并让仁孝派使臣到金国请求册封。

任得敬的册封请求遭到了金国的反对，他便与南宋秘密联络，谋约合攻金朝、推翻仁孝。宋四川宣抚使虞允文派人密报，结果被西夏兵俘获。仁孝得知密报后，认为对任得敬已经仁至义尽，决定不再姑息养奸，断然决定诛杀任得敬。

在金朝的支持和帮助下，仁孝消灭了任得敬及其族党，一举粉碎了任得敬篡权分国的阴谋，把西夏政权从分裂的危机中挽救了回来。

# 推进汉儒

仁孝酷爱汉文化，他继位的第二年就立罔氏为皇后。罔氏聪慧好学，爱行汉礼，仁孝在儒学上的建树，得到了她不少的帮助。公元1144年，仁孝下令在各州、县设立学校。同年，又在皇宫里建立皇家学校。命令凡是宗室子孙，满了七岁，一直到十五岁，都可以入学，并且仁宗和罔氏还会亲自前往调教、训导。

公元1145年，李仁孝模仿中原设立太学，向先圣先师举行了隆重的祭祀礼，并对表现优秀和成绩良好的教师、学生分别给予赏赐。

建立太学的第二年，仁孝又尊孔子为文宣帝，下令各州、郡修建孔庙。一年之后设科取士，正式接受中原的科举制度，立翰林学士院，任命大学者王佥、焦景颜等为学士。翰林学士院的设立，也标志着西夏已经有了培养和储备高级人才的学府。

由于仁孝提倡文治，西夏国内人才辈出，涌现了一大批卓越的学者。如大学者斡道冲、王仁忠，编纂《夏国谱》的罗世昌，不去金朝当叛臣的焦景颜，等等都是这一时期的杰出代表。

## 注重法制

公元1155年九月，仁孝骑马去贺兰山打猎，因为道路不平，而伤了马足。他十分恼火，就准备下令杀了修路的官员。尚食官阿华正好在旁，连忙阻止道："为了一匹马杀人，就说明畜生比人精贵，在法律上没有规定，道义上也说不过去，怎么能让人信服呢？"仁孝听了只好作罢。

为了进一步完善法制，仁孝制定了《天盛年改定新律令》。其中包括刑法、诉讼、民事、婚姻、经济、行政等多项内容。这是西夏最完整的一套法典，被国外学者称为"中世纪独一无二的法律文献"。

第二年十月，仁孝为了实现上情下达，掌握更多的实情，对劝他不杀修路官的尚食官阿华大加赏赐，以鼓励大臣们敢说真话。

公元 1171 年五月，仁孝重用刚介直言的斡道冲为中书令，后又让他担任国相。因此，在仁孝执政时期，群臣敢于直言，敢于对时政提出自己的看法，进一步促进了社会的经济发展。

除此之外，仁孝还采取了一些改革措施，比如：改革礼乐；巩固封建土地所有制关系，减免地租、赋税等。这些都对西夏社会的发展起到了积极的推动作用。

## 党项人的第四次迁徙

公元755年，安史之乱爆发后，已内徙的党项族又进行了大规模的迁徙活动。内徙陇右北部诸州的党项人向东迁至关内道的庆、夏、盐、灵等州；而原在庆、灵、夏等州的党项人有的向东迁往银、绥、延等州，有的东渡黄河进入石州。

党项人经过几次大的迁徙后，同当地汉族和内迁的其他少数民族，如室韦、吐谷浑、吐蕃、回纥等族杂居共处，逐渐形成以地缘为纽带的部落集团。

党项拓跋部在庆州陇山之东的称东山部，以夏州为中心的称平夏部，居鄜、延二州之北山区的称南山部。

# 状元皇帝李遵顼

中国的科举制度源远流长，自隋朝开始，先后诞生了一千多名文、武状元。这些状元中，有的成了郡守、刺史；有的跻身学士；有的则高居宰相；而以状元之身成为皇帝的，仅李遵顼一人。然而，就是这样一位状元皇帝，却因为自己的附蒙攻金政策和治国无方，致使西夏国力大损。

## 蟾宫折桂

李遵顼是西夏皇室齐王李彦宗的儿子。《西夏书事》中称李遵顼"聪慧伶俐，刻苦勤学，博览群书，且工隶篆"，是一个博学多才的人。

公元1203年三月，李遵顼参加西夏癸亥科科举考试，结果"廷试进士，唱名第一"，被点为状元。《金史·西夏传》称他为"遵顼先以状元及第"。

有了状元这顶桂冠，李遵顼从此官运亨通，不久就被封为齐王。后来又擢升为大都督府主，统领军兵，成为当时西夏皇族中最有威望的人。

## 问鼎皇权

公元1211年七月，李遵顼发动宫廷政变，废黜襄宗李安全，自立为皇帝，改元光定，成为西夏第八任皇帝。李遵顼也因此成为中国历史上唯一一位状元皇帝。然而这位空前绝后的状元皇帝，既无强国手段，又无治国谋略，最终将日渐衰弱的西夏王朝推向深渊。

由于西夏土地狭窄，人口稀少，国力不足。为了能在烽烟四起的形势下拓展版图、捞取好处，统治者往往会选择强悍的邻邦作为靠山，所以在对外关系上一直都摇摆不定。

李安全执政时，西夏正处于附金抗蒙到附蒙攻金的转折时期。蒙古志在一统天下，在重创金国的同时，也把矛头指向了西夏。

以蒙古当时的实力，如果西夏和金国联手，完全可以应对蒙古的强势进攻。然而李遵顼即位后，并没有扭转李安全的错误方针，反而实行了附蒙侵金的政策，企图乘机掠夺财物，趁势扩大领土，所以频频对金朝发动战争，规模也越来越大。

公元 1217 年，蒙古发兵攻打金国，西夏派兵三万助力蒙古，结果在宁州被金兵大败。不久，蒙古向西侵略花剌子模，再次向西夏征兵。由于连年用兵，西夏军费耗费巨大，军士伤亡惨重，致使西夏举国厌战，民怨沸腾。

鉴于宁州新败，李遵顼不敢随蒙西征，拒绝出兵。蒙古见西夏不听使唤，便发兵攻打西夏国都中兴府，逼其就范。

李遵顼见蒙古兵突然来袭，惊恐万状，急忙带人逃跑了，只留太子李德任守城。直至蒙古兵退，李遵顼才悄悄返回国都。

# 反复无常

经过这场虚惊，李遵顼领教了蒙古的厉害，同样也意识到了来自蒙古的威胁，便调整策略，准备联金抗蒙，以求自保。

公元 1218 年二月，李遵顼命主张联金抗蒙的苏寅孙为枢密都承旨，向金国提出联合抗蒙。不过，金宣帝痛恨李遵顼的反复无常，想也没想就拒绝了李遵顼。

联金抗蒙不成，李遵顼转而又去求宋。公元 1219 年，金宣宗南侵宋朝，李遵顼乘机派人到四川与宋将联络，企图联宋侵金。宋将回信同意联兵抗金，但考虑到李遵顼的摇摆不定，并没有如

约出师。直到公元1220年五月，宋、西夏才正式结盟，两国同时出兵，夹击金兵。

同年八月，宋、西夏两国攻破金国会州城，金国守将投降。金宣宗急忙向李遵顼请和，但被李遵顼一口拒绝，金、西夏两国的矛盾从此更大了。

十月，宋将再次约西夏进攻秦州，但李遵顼害怕失败，不肯再出兵，宋、西夏联盟不欢而散。就在这时，蒙古铁骑又举兵而来。

面对蒙古大军强有力的阵势，李遵顼没有率兵抵抗，而是设宴招待蒙军，并派出五万将士随蒙军向金朝进军。

公元1223年春，蒙古进军凤翔，李遵顼发兵十万随蒙军攻城，结果被金兵挫败。李遵顼见势不妙，又先行一步逃走了。蒙、西夏两国再一次出现裂痕。

附蒙攻金使西夏承受了巨大的损失，国内经济几乎到了崩溃的边缘。公元1223年五月，西夏兴、灵诸州大旱，颗粒无收，百姓流离失所，甚至出现了人吃人的悲惨场面。

以太子李德任为首的反蒙派开始竭力反对李遵顼附蒙攻金的错误政策，拒绝领兵出征，并以放弃太子位、出家为僧相要挟。李遵顼恼羞成怒，下令废黜李德任，并把他软禁了起来。

西夏受蒙古的控制，出兵征战十多年，致使军队精锐尽失，多年积蓄也由此掏空。可即便是这样，李遵顼仍然执迷不悟，他

继续征集十二监军司的兵马助蒙灭金。御史中丞梁德懿出面阻止，请求李遵顼诏还太子，抚恤百姓，修复邻里关系，使臣民顺服。对于梁德懿的好言劝奏，李遵顼根本没听进去，反而一怒之下把他罢了官。

李遵顼的罪恶行径，并没有赢得蒙古人的欢心。相反，蒙古在敲诈西夏的同时，还在伺机打压西夏。公元1223年十月，蒙古为了惩罚西夏在凤翔之战中的不辞而别，将西夏军队围困在积石州长达半月之久。

李遵顼为了保全自己，甘心做蒙古的附庸。但是，他的反复无常和众叛亲离，让蒙古对他失去了兴趣，并多次派使者责令其退位。在蒙古的威逼下，李遵顼把皇位传给了二儿子李德旺，自己当了"太上皇"。

李德旺即位后，改变了李遵顼的附蒙政策，先是抵抗蒙古，后又联金抗蒙，但已是无力回天。在蒙古大军的猛烈攻击下，西夏城破兵亡，败亡已成定局。

## 西夏的造纸术

造纸术早在汉代就已经发明了，到北宋时期已经发展得相当成熟。但是，西夏人的造纸术来自敦煌。

西夏在建国之前，曾经攻打下了原来属于唐朝、后又属于回鹘的敦煌地区。那里存放了大量的前代文化典籍，其中就有记载纸的制作流程的书籍。西夏便是从这些典籍中学会了造纸术。

聪明的西夏人不但学会了造纸，还对造纸术进行了改进。

中原地区造纸的原料主要是木材，但西夏处于西北，恰恰缺乏木料和木本纤维。他们虽然缺乏木料，但是棉花的产量却很大，所以他们更多的是用麻布与棉花造纸。

西夏人在造纸的过程中还加入了淀粉、滑石粉、黄檗汁等。一则可以节约纤维材料；二则可以增加纸的不透明度及平滑度，同时还能防蛀。

# 成吉思汗西征西夏

　　成吉思汗一生戎马，铁蹄曾踏遍整个欧亚大陆。但是一个小小的西夏国，却花费了他长达二十三年的时间，先后六次征讨，直到他生命的最后时刻才取得成功。是什么原因令一代天骄成吉思汗对西夏如此绞尽脑汁，他又是如何对西夏进行的征讨？

## 决战失算

　　由于金国一直对蒙古实施"减丁"政策，而且金国皇帝还杀害了成吉思汗的曾祖——蒙古首领俺巴孩汗，所以成吉思汗对金国满怀仇恨。金国与西夏接壤，且西夏的金银器物、骆驼骏马以及肥沃的疆土对蒙古的壮大很有帮助，因此，成吉思汗决定先征服西夏，以斩断金国的左膀右臂。

公元 1205 年秋，成吉思汗以寻找蒙古仇人的名义，沿匝盆河流域向南，经鄂洛克泊等地直逼西夏黑水城。

西夏虽然富裕，但统治阶级内部生活极其腐化，君臣之间争权夺利，军队力量更加薄弱。西夏恒宗李纯佑听闻蒙古要来进攻西夏，惊慌失措地赶紧命人加固城墙，增添城门把守。

夏恒宗李纯佑采取了防御措施，成吉思汗的大军抵达黑水城时，发现黑水城城池牢固、防守严密。蒙古军一连攻打了四十多天也无进展，军队几乎弹尽粮绝，只得兵分两路进攻西夏的定州和撒城。经过近六十天的苦战，才攻下这两座城池。

此一战，令成吉思汗深感攻城的不易，便率大军东移，转战西夏落思城，且在落思城掠得大量牲畜和财宝。

## 心理战法

公元 1207 年，成吉思汗再次率军进攻西夏北部边防重地斡罗孩城。在此之前，为了扫除障碍、孤立西夏，成吉思汗先后收复了西夏的近邻盟友乃蛮部、蔑乞儿部、乌梁海部等部落。为了快速攻城，成吉思汗还对斡罗孩城的百姓采取了心理战术。

成吉思汗并没有急着对斡罗孩城发起进攻，而是让西夏的俘虏进城劝降。同时也让俘虏们在城里四处散播"蒙古大军来袭，

如果不束手就擒，蒙古军就血洗斡罗孩城"的谣言，令整个斡罗孩城蒙上恐怖的阴影。

对于成吉思汗的威逼利诱，斡罗孩城的百姓并没有畏惧，他们团结一心，誓死保卫自己的家园，拒不投降。

看劝降无果，成吉思汗先后采取火攻、放箭、投石等方法与斡罗孩城对战四十多天也毫无进展。蒙古军粮草不济、打算退兵的时候，才终于将斡罗孩城勉强攻下。此一战，成吉思汗虽然侥幸取得胜利，但同样损失惨重，兵力所剩无几。

## 引水灌城

荡平斡罗孩城后，成吉思汗继续挥师伐西夏，并于公元1209年向南攻打西夏兴庆城。经过前两次交战，成吉思汗对西夏的地理位置、国内情况已经了如指掌。

这一次，成吉思汗的大军从黑水城直取西夏国都兴庆城，成吉思汗还预谋要将西夏各州前来勤王的大军一举缴灭。

可是，成吉思汗的大军将兴庆城围攻了近两个月也没有一个勤王将领前来迎救，更没有一个士兵出城迎战，只有守城的大军奋力抵抗。双方僵持不下，令成吉思汗的军队疲惫不堪，成吉思汗因此陷入了进退两难的境地。

这时又下起了大雨，黄河水位不断上涨，成吉思汗命人筑堤坝将黄河水灌入兴庆城中。一时间，兴庆城里的百姓死伤无数。但是由于成吉思汗所筑的堤坝土质较软，地基不牢，所以堤坝在雨水和河水的浸泡下很快就决堤了，成吉思汗的蒙古军也死伤多半。事已至此，成吉思汗不得不提出优厚条件迫使西夏投降。

此时的西夏襄宗李安全在天灾与人祸的双重打击下早已没有了招架之力，只能接受成吉思汗的条件，并把自己的公主献给成吉思汗为妾。成吉思汗顺水推舟，同意退兵议和。

## 大汗遗音

公元1218年，成吉思汗下令，让已经向蒙古称臣的西夏与蒙古大军一起攻打金国。结果西夏不仅不愿意出兵，反而还嘲笑成吉思汗的所作所为。

成吉思汗因此大怒，再次派兵攻打兴庆城。这一次，成吉思汗同样无功而返。为了之后的考虑，成吉思汗决定暂时放弃攻打兴庆城，开始整顿军队攻打欧州。

成吉思汗的铁蹄先后征服了花剌子模、俄罗斯、匈牙利、波兰等多个地方，使四十多个国家归顺于他，但他却始终忘不了西夏对他的奚落。所以，成吉思汗返回漠北后不久，就又举兵征缴

西夏，并于公元 1226 年连破西夏黑水、甘州、肃州、西梁等疆域。

但是讨伐西夏的过程中，成吉思汗不幸坠马受伤，且伤势极其严重。他在弥留之际，担心自己受伤的消息会令西夏乘虚而入，也害怕引起军中大乱，便特地嘱咐：一定要保密他受伤的消息，且死后秘不发丧，等西夏献城投降时，将城内所有官兵百姓全部杀掉。

公元 1227 年，成吉思汗不顾伤痛再一次攻打兴庆城，并亲自率兵攻下临洮、西宁等地。成吉思汗的铁蹄所到之处，几乎都夷为平地。

面对成吉思汗的穷追猛打，西夏末帝李睍不得不于同年七月一日手捧金佛，抬出金银器皿、马驼、锦缎等大量宝物献城投降。

一个月后，成吉思汗死于六盘山区清水西江。根据成吉思汗生前的遗愿，西夏末帝李睍被斩杀于他的营帐之外，成吉思汗的遗体则被埋葬于漠北鄂嫩、克鲁伦、土剌三河等地的一棵大树下。

这是成吉思汗第六次攻打西夏，也是西夏与成吉思汗的最后一次较量。

## 黑水城的传说

黑水城蒙古语为哈拉浩特，意即"黑城"。相传，有一位名叫哈日巴特尔的蒙古族将军觊觎皇权，想要一统天下。但是哈日巴特尔的阴谋被公主知道了，公主将哈日巴特尔的阴谋报告了皇帝。

皇帝得知后勃然大怒，派数万大军进攻黑城，捉拿哈日巴特尔。但是黑城久攻不下，皇帝只好把黑城包围起来，并在巫师的建议下阻断了流向黑城的河水。

被切断了水源的黑城百姓没几日便饥渴难耐，连田里的禾苗都枯死了。哈日巴特尔只得命人在城里火速打井，可水井一直挖，挖得很深也不见水。哈日巴特尔无奈，只能下令突围。

临行前，哈日巴特尔把全城的金银财宝和自己的两个孩子送进挖的这口枯井中，并对孩子说："你们去做财宝的主人吧！"说罢，便连夜凿通北部城墙突围北上。

如今，黑城遗址的西北角城墙上还留有一个仅能容纳骑驼者进出的洞口，相传就是哈日巴特尔当年突围的洞口；黑城城西的大坑，就是当年打不出水却用来埋藏全城财宝和哈日巴特尔孩子的那口深井。

# 西夏人的后裔在何方

西夏灭亡后，党项族便消失了。他们究竟到哪去了，有无后裔，一直是个历史之谜。根据有关史书记载，党项人的去向大致有投元为官、留居西夏本土、投靠金朝、迁徙他处四种可能。

## 投元为官

西夏亡国后，元朝人便称西夏为河西，或称唐兀。在划分民族等级时，元朝人将西夏人划为第二等，视同"色目人①"，并在政治上给予了优厚的待遇。

元世祖忽必烈即位后，起用党项贵族，让他们进入元朝中央与地方统治机构中任要职。例如，元朝初期比较著名的湖广行省

①色目人：元代对来自中西亚的各民族的统称，也是元代人民的四种位阶之一，广义上来讲，除蒙古、汉人、南人以外的西北民族，都算是色目人。

平章李恒，便是西夏皇室李惟忠的儿子；侍御史斡玉伦徒，是仁宗仁孝时期的宰相斡道冲的曾孙；翰林学士高智耀，是献宗德旺时期的右丞相高良惠的孙子。

元太宗命皇子阔端镇守西凉时，文人、士大夫比较受歧视，常常被罚做苦役。高智耀前往西凉府求见，请求废除这种凌虐儒生的做法。元宪宗蒙哥时期，高智耀又向朝廷进言，认为应该重用儒生，元宪宗由此下诏免除国内儒生的一切徭役。

元世祖忽必烈早就对高智耀的才学有所耳闻，即位后便立即召见了他，并任命他为翰林学士。高智耀又劝忽必烈提倡儒术，为了阐发自己的意见，他通过反复论辩、旁征博引，最终说服了忽必烈。他了解到淮蜀一带的儒士遭俘虏后都沦为农奴，处境极为艰窘，便请求以翰林学士的身份巡行郡县，释放儒士三四千人。他还建议设御史台等，均被忽必烈采纳。

从此以后，元朝有了正式的监察机关，使封建统治机构更加完善；元初在西夏故地设立西夏中兴等路行尚书省，简称为西夏行省，后改为甘肃行省，任用党项人管理其他各路诸事务。

在中央地方机构为官者中影响最大的党项人是余阙。余阙元末时在合肥做官，后任淮南行省右丞都元帅，奉命驻守安庆。他所率领的军队均是西夏人，而且多数长相漆黑，善于骑射。

江淮红巾军包围安庆时，余阙率军坚守了好几个月时间，城破后自杀于安庆莲花塘，时年五十六岁。余阙的妻子以及儿子女儿也一并自尽。余阙死后，被封为"夏国公"，后人称他为"忠宣公"，朱元璋还为他树碑立祠。

# 留居本土

西夏灭亡后，一部分党项人仍然留居在西夏。蒙元时期，在西夏故地仍生活着大批党项遗民。元代曾多次从河西陇右迁征为数可观的党项士兵，元朝的宿卫军和镇戍军中都有专由党项人组成的军队，称"唐兀军"。

公元 1302 年，元成宗于江南浙西道杭州路大万寿寺雕刊河西字大藏经三千六百三十余卷，"施于宁夏、永昌等路"，宁夏路即西夏的兴州，永昌路即西夏的凉州。这也说明留居于河西兴州、凉州一带的西夏遗民数量不少。

# 投靠金朝

西夏灭亡后，一部分西夏遗民投靠金朝，被金朝统治者安置在河南泌阳、南阳、信阳、方城一带，给田耕种，并派专人管理。

《金史·西夏传》记载：西夏使臣王立之出使金国，还没来

得及回国复命，西夏就灭亡了。金哀宗便下诏将他安置在京城，主管西夏降户。后来王立之的妻儿家小三十余口逃难到金国，金哀宗安排他们一家团聚，还赐给他们金钱绸缎。

王立之上本称自己的先祖本是申州人，恳请辞官回申州居住。金哀宗同意了他的请求，让他以原官职住在申州，主管唐、邓、申、裕等地归降的西夏人，还拨良田千亩和各种农具让他们耕种。

## 迁徙他处

西夏亡国后，还有一部分党项人长途跋涉，四处迁徙。

山西居庸关洞壁的六种文字石刻、甘肃酒泉的《大元肃州路也可达鲁花赤世袭之碑》、河南省濮阳市城东柳屯乡杨十八郎村的《大元赠敦武校尉军民万户府百夫长唐兀公碑铭》等碑铭，以及民间珍藏的大量西夏遗民的后裔宗谱、族谱、家谱等，都证实了历史上西夏人因亡国，以不同方式、不同路线、不同时间迁徙到今河北、山东、江苏、江西、云南、四川等地，定居繁衍。

至今四川省西康木雅地区还流传着"西吴甲尔布"的传说。据传，西夏国灭亡后，一支以党项人为主的队伍跋涉千里，在今天的四川省甘孜海北藏族自治州定居下来，还建立了一个小政权，过着定居的生活。

当地藏民称其首领为"西吴王"，即"西夏王"。该地方政权与大元王朝并存了一个世纪，到了明朝初年，他们还曾帮助朱元璋征讨盘踞于四川重庆一带的明玉珍，且立下了显赫战功。公元1408年，该政权首领被明朝授予长河西鱼通宁远军民宣慰使司，从此这里的西夏人世代为明正土司，直到公元1700年没有了子嗣，才停止世袭，前后经历了四百七十余年。

在今安徽合肥和安庆等地，共有余阙的后裔约五千余人。他们如今都已彻底汉化，只有少数有文化的老人知道自己是党项人的后裔。

河南省濮阳市城东柳屯乡杨十八郎村，党项杨氏子孙虽然聚族而居，但因长期生活在中原地区，其语言文字、生活习惯也已经与汉族毫无区别，他们申报的民族均是汉族。

### 西夏妇女能顶半边天

和同时期的宋朝不同的是，西夏有独立的女兵部队。这些女兵身体强壮，和男人一样能深入战争前线。

因为有女兵，西夏的几位皇太后也都特别能打仗。谅祚的母亲没藏太后多次指挥大战役；秉常的母亲梁太后也是一个能征善战的女统帅。

当时，北宋政权看乾顺帝只是个七八岁的孩子，就以为可以轻而易举地拿下西夏，便率十万大军来袭。结果，西夏大军在梁太后的亲自指挥下，把宋军打得狼狈逃窜。

# 金：
# 女真族的第一次崛起

# 完颜阿骨打以少胜多灭辽

完颜阿骨打是金朝的开国皇帝，灭掉了曾在中国北方不可一世的大辽国。阿骨打伐辽时，仅有两千五百名女真兵，他率领这些女真兵多次创造了军事史上以少胜多的奇迹。

## 出河店大捷

天祚帝即位后，契丹贵族对女真各部落的勒索一日甚过一日。不论是女真地区的土特产，还是百姓的生活物品，只要是契丹贵族看上的，都会被扫荡了去。而女真族除了定期、定量地向辽朝进贡外，还会遭受辽朝东北边境官吏和奸商的压榨，各部落百姓在榷场中的交易也时常会遭到这些人的欺辱。因此，仇恨的种子在女真民众心中越长越大。

公元1113年十月，阿骨打继任联盟长，称都勃极烈。阿骨打曾为巩固完颜部联盟立下显赫功勋，还接受了辽国赐予的官称，是完颜部中掌握军事实力的重要人物。阿骨打继位时，女真各部落的联盟已经巩固，有了足够的力量可以反抗辽国的压迫。

公元1114年六月，辽天祚帝派使臣授予阿骨打节度使的称号。阿骨打则派习古乃等去辽国索要逃亡在辽国的星显水纥石烈部长阿疏，借以探听辽国内部的情况。在探得辽的虚实后，阿骨打便开始兴建城堡、修整器械，准备南侵辽国。

公元1114年九月，阿骨打领兵两千五百人向宁江州进军。十月，女真兵攻克宁江州城，阿骨打大获全胜。经过宁江州一战，阿骨打的女真兵由两千五百人增加到三千七百人。国相完颜撒改和长子完颜宗翰，以及完颜欢都的儿子完颜希尹等人，建议阿骨打立国称帝。

同年十一月，辽国在出河店集结兵马准备消灭女真兵，当时两军的比例实在悬殊。但是面对强敌，阿骨打并没有退避，而是决定在敌人还没有完全集结之前，出其不意地发起进攻。

当时正值隆冬，天寒地冻，阿骨打用女真人最相信的萨满教梦卜的说法来鼓舞军心。

阿骨打说："我刚躺下，就有人摇我的头，而且还摇了我三次，于是我得到了神的暗示，他建议我们连夜出兵，必能大获全胜，否则就会有灭顶之灾！"

阿骨打的话令将士们士气高涨。当夜，阿骨打便和三千多铁骑，

乘着风雪扑向出河店。辽兵没有料到阿骨打的军队来得如此之快，被打得措手不及，溃不成军。此一役，女真俘获无数辽兵、车马和粮草。出河店大捷之后，各路女真兵力已经超过万名。

随后，女真军连续攻下宾州、咸州等辽国统治地区，阿骨打的弟弟吴乞买和撒改、辞不失等人再次拥戴阿骨打建国。

公元1115年夏历正月，阿骨打即皇帝位，建立奴隶制国家，国号"大金"，立年号"收国"。

## 金国灭辽

黄龙府是辽国的军事重镇，也是辽国的政治经济中心。阿骨打建国后的第一件事，就是打算占据黄龙府。但是，黄龙府外城防御完善，内城守备坚固，若要硬取，一旦进攻，辽兵就会迅速退散，自己则会腹背受敌。

阿骨打最终决定采取常胜将军完颜娄室提出的"围点打援"的建议。即围住黄龙府，扫清其外围，歼灭救援军队。

黄龙府的外围被扫平后，阿骨打则率兵直捣黄龙府。当时的黄龙府被围困数月，守将耶律宁在内无粮草、外无援兵的情况下，惶惶不可终日。阿骨打一声令下，金军如潮水般推着各类攻城器械涌至城下，人人奋勇杀敌。辽兵一触即溃，耶律宁见大势已去，弃城而逃。

得知黄龙府失守的消息后，辽国天祚帝便亲率大军，企图一举消灭新建立的金国政权。当时阿骨打只有两万人马，两国军事力量的比例依然相差巨大。

但是，阿骨打却认为，辽兵虽然比自己多出数十倍，且来势汹汹，却是一股乌合之众。便故意在将士面前仰天大哭："当初我起兵，是希望咱们的亲人不再受辽国的欺压，让咱们女真人有一个属于自己的国家。不承想天祚帝不肯容我，还亲自率兵来征讨。现在摆在我们面前的只有两条路，一条是决一死战，让我们的国家转危为安；另一条则是你们把我抓去献给天祚帝，投降契丹。"将士们群情激愤，纷纷表示要与辽军死战到底。

两军交战打得正激烈的时候，辽国朝廷内部却出现政治纷争。天祚帝为了维护自己的统治，主动放弃了这次消灭金军的良机，撤军回朝。

阿骨打则乘此机会一路穷追猛打，且在护步答冈包围辽军，致使辽军大败。

此一役，阿骨打表现出了超常的胆略和杰出的军事才能，也创造了世界军事史上以少胜多的奇迹。

战争结束后，曾在中国北部不可一世二百多年的大辽国从此一蹶不振，直至灭亡。作为金国总首领的金太祖完颜阿骨打则完成了建国、破辽两件大事，女真族的历史从此进入了一个新时期。

### 辽代的两姓通婚制度

辽代契丹人基本都是耶律姓和萧姓，他们的通婚也基本都在这二姓之间。与耶律结婚的，一般都是萧姓；与萧姓结婚的，一般都是耶律姓。

在辽国二百一十年的历史中，除了述律平外，至今还没有发现耶律姓、萧姓和别的姓氏结婚的例子。

宋朝有明确记载，契丹人的婚姻不受地理位置的约束。由此可以知道，到了结婚年龄的男女双方，可以在同一地区结婚，也可以在不同地区结婚，只要是异姓就可以。

契丹人之所以长期坚持异姓婚姻，是因为他们知道，异姓血缘婚嫁宜于优生、优育。但是，这种婚姻制度也给契丹人带来了很多不便。因为通婚的只限于这两个姓，所以他们选择的余地很少。

# 宋金海上之盟

早在唐代的时候，山东半岛就有一条通往辽东半岛的水路，是渤海国与唐朝往来的重要通道。到了宋朝初年，宋太祖通过这条水路，派人到辽东的女真人那里购买马匹；宋徽宗时，也曾派使者通过这条水路到金国商谈联合攻辽的事。两国通过这条水路不断地往来谈判，最终达成了通商协议。

## 马植献计

公元 1111 年到 1117 年，辽国内部民族矛盾加剧，女真人起兵反抗契丹人的统治。此时，辽国已经显露出衰亡的征兆。

公元 1111 年九月，宦官出身的童贯以检校太尉的身份陪同知枢密院事郑允中出使辽国。名义上是赠礼通好，实际上是去打探辽国的虚实。

他们在辽国停留期间，遇见一个名叫马植的人，这个人非常有才干。他见女真人起兵反辽，盗贼四起，而辽国的皇帝耶律延禧却沉溺于打猎、游玩之中，便料定辽国会灭亡，转而投靠了宋朝。他秘密地找到童贯，并对童贯说他有灭辽的计谋。童贯是一个善于投机取巧的人，听了马植的介绍后非常感兴趣。于是，童贯便将马植带回开封。为了安全起见，马植改名为李良嗣。

童贯认为李良嗣弃暗投明，很有用处，就向宋徽宗介绍了李良嗣。公元1115年四月，宋徽宗在京城的延庆殿接见李良嗣。李良嗣说："辽国肯定会灭亡，愿陛下体谅民间的疾苦，收复我大好河山。草民也愿意替天行道，到时只要陛下能赐一壶酒给草民，草民便愿为您效犬马之劳。"宋徽宗听后非常高兴，当时就赐李良嗣国姓，改名为赵良嗣。

# 使节往来

赵良嗣提出的建议，宋徽宗、童贯、蔡京等都觉得很有道理，可以采纳。为了避免引起辽国的怀疑，宋徽宗便沿用前朝的做法，派人以购买马匹的名义偷偷渡海去找女真人。

公元1118年初，宋朝廷派辽国降民高药师及登州将吏等七人

乘船前往辽东。

高药师等人到达渤海北岸后，发现岸边有许多女真人在巡逻和看守海岸。他们吓得赶紧又退回到登州。

公元1118年四月二十七日，宋徽宗又改派武义大夫马政、军卒呼延庆和高药师等八十余人再次乘船渡海去辽东。结果，他们一登岸，就被女真人抓住了，还被五花大绑地押到阿骨打的面前。

被五花大绑的马政向阿骨打、粘罕、阿忽、兀室等人说明了想宋金联盟一同攻打辽国的想法。阿骨打和粘罕等人经过几日商议后，表示赞成此事。便派了小散多、勃达等人与马政一起前去开封，了解宋徽宗的真实意图。

宋朝廷得知了金国的决心，也喜出望外，于是再派朝议大夫直秘书馆赵有开、忠翊郎王瓌作为使者，与李善庆一起携带宋徽宗亲拟的诏书前往金国。

同时，宋徽宗接到河北侦察人员发来的消息，称辽国已割让辽东土地，封金国为东怀国，以此和女真重修旧好。

宋徽宗因此决定不再派朝廷使者前往金国，去往金国的呼延庆回到开封后，也立即将金国的要求做了详细说明。

公元1120年三月，宋徽宗又派赵良嗣和王瓌为正、副使，携带宋徽宗的御笔书信，再次以买马的名义前往金国。

赵良嗣这次前来金国，终于打消了金国的怀疑，阿骨打还设

宴欢迎了赵良嗣等人。

通过和谈，赵良嗣提出，事成以后，宋朝每年向金国提供三十万两白银、三十万匹绢作报答。阿骨打则要求宋国将每年给辽国的岁银、岁绢全数转交给金国，即五十万两银、五十万匹绢。双方辩论很久，最终宋国表示同意。

同时赵良嗣也提出，平、滦两个地方属于燕京，应当归还给宋国。阿骨打坚决不同意，赵良嗣只好作罢。赵良嗣又提出，灭了辽国后，西京大同府所属的州县，应当归还宋国。阿骨打表示赞成，但阿骨打又提出金兵已定于八月九日到达西京，宋国应起兵响应。到时，金兵由平州进攻古北口，宋兵则从雄州进攻白沟。金、宋两国对辽北南夹攻，不能违约有误，否则金国将撕毁之前的所有约定。

## 转变态度

公元1121年正月，金国派遣曷鲁、大迪乌随同马政一起来到开封，并带来了金国的国书，他们向宋徽宗强调，只有宋、金两国同时出兵攻打辽国，所许的条件才能够实现。

不久，宋徽宗也向金国表明了态度。阿骨打得知宋朝的态度后，便命粘罕、希尹等将领渡过黄河，前去攻打辽中京城。并以一日

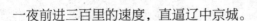

一夜前进三百里的速度，直逼辽中京城。

从早晨到中午，金国只用半天时间就攻下了辽中京城。金军快速攻城，是因为听说辽国皇帝耶律延禧在城中，便想活捉耶律延禧。但是，金军搜遍全城后才发现，在攻城的前一天夜里，耶律延禧就已经逃往燕京了。

在宋、金海上往来的过程中，金国逐渐认识到了宋朝的软弱。因此，金国在灭了辽国后，便挥师南下，进一步灭亡了北宋。

在"海上之盟"的交往中，如果宋朝不示弱，而是示之以强，让金国知道宋国已经做好用武力收回燕云之地的准备，那么金军就不敢轻易南下。

## 诞生礼仪

女真人诞生礼仪主要有"求子礼"。当时，金章宗一直没有子嗣，便向太庙和佛道各路神仙求子。

后来，金章宗的皇后生了孩子，群臣表示祝贺，皇帝则要大宴宾客，这个礼节便称"诞生礼"；当皇子满月的时候，皇帝要给儿子赐名，这称为"命名礼"；当皇子满一百天的时候，便要在宫里举行重大庆典，来宾还会为小皇子送吉祥物，这种礼仪称为"洗儿礼"；为了祈祷小皇子茁壮成长，皇帝和皇后要感谢祖宗和各路神仙赐予他们孩子，同时向神仙祈求保佑皇子茁壮成长，这种礼仪称为"报谢礼"。

宋代的"诞生礼"和女真人的大致相同，只不过形式和时间不一样罢了。

# 搜山检海抓赵构

公元1126年末，金兵大破北宋都城汴京，俘获宋徽宗、宋钦宗，灭掉了北宋。公元1127年五月，康王赵构在南京（今河南商丘）继位，改元建炎，史称南宋。当时，金国处于战略攻势，而南宋处于守势。金国屡屡南侵，战事频繁，由此为完颜宗弼、岳飞等杰出将领提供了施展才能的舞台。

## 步步相逼

面对金兵的步步紧逼，深感自身难保的宋高宗赵构对金国采取不抵抗政策。他一面从应天府派使臣向金国递送乞降书，向金国表示不会对金用兵，也不会作任何部署，希望金国不要再来侵犯；一面在国内集中力量，发展经济和军力。

对于南宋朝廷的摇尾乞怜，金国非但没有丝毫怜悯，反而还

175

加大了追缴力度，大肆掳夺，并不断派人追杀赵构。

赵构为了活命，也为了延续大宋江山，只得四处逃窜。他先是从应天府逃到了扬州，后又经镇江狼狈地逃到了杭州。

面对百姓呼声高涨的抗金情绪，主和派的黄潜善、汪伯彦等对大举来袭的金兵不做任何抵抗，宋军军心动摇，百姓群情激奋。赵构迫于压力，不得不罢免了黄潜善、汪伯彦等人的官。

## 兵变南逃

继黄潜善、汪伯彦之后，赵构开始宠幸曾经护驾有功的御营都统制王渊。王渊受赵构宠信，又因与宦官勾结而步步高升。可是王渊生性贪婪，搜刮民脂民膏，使得百姓怨声载道。

公元 1127 年八月，南宋朝廷从应天府逃往扬州，负责断后的王渊把本该用来对金作战的战船私自挪用，用来运送自己搜刮的金银财宝，致使宋军屡战屡败。而行军过程中，内侍省押班宦官康履等人也骄奢作乱，不仅强占民宅，还夺人妻女，引起很多人愤恨。

王渊的过错本应受到严厉处罚，但是因为赵构的宠幸，王渊只是被罢免了枢密使的官职。赵构没有严厉处分王渊，激起了朝中诸多文武官员的不满。扈从统制苗傅不满王渊的扶摇直上、威州刺史刘正彦则不满王渊征召自己的士兵。于是，刘正彦便在军中散播不满情绪，得到了军中多数人的响应。

由于应天府只有苗傅的军队，其余韩世忠、张俊、杨沂中、刘光世等大将正分守其他要害，这为兵变提供了有利条件。苗傅等人于宋神宗忌日当天，以"为天下除害"的名义在城北桥下杀死王渊，并包围了康履的住处，迫逼赵构将康履腰斩。

复位后的赵构没有采纳主战派大臣的意见，继续派使臣向金乞和，请求金统治者看在自己哀言的分上，不要再对南宋发兵。想要夺下整个大宋江山的金兀术对赵构的一味乞怜自然视而不见，又于公元1129年再次兵分五路对南宋大举进攻，赵构闻迅后立刻率领群臣再度南逃。

镇守建康的江淮宣抚使杜充为主和派，杜充好大喜功，又无谋略，致使开封落入金国之手。当年九月，金国元帅左监军完颜昌兵分两路进攻淮南、江南，一路劫掠长江中游的湖北、江西一带，直逼南宋都城临安。

大敌来袭，杜充却深居简出，对战场上连连吃紧的战事不闻不问，更不作任何抵抗。在战将岳飞的苦苦哀求下，杜充才派了六军都统陈淬、战将岳飞、韩世忠、戚方等领兵二万佯装应战。

敌我悬殊，南宋军队终因寡不敌众兵败，长江防线全线崩塌。危难关头，杜充非但不予增援，反而自己率领三千亲兵弃城逃至江北的真州，不久就向金兵投降了。

# 以退为进

失去了临安这处息居之地，赵构只得再次四处逃遁。

赵构的臣僚们向赵构建议：与其以弱应强，还不如避其锋芒，以退为攻。金军虽然擅长作战，但却不擅水路。况且长时间的陆路交通，必定会粮草不济。倘若能避开山地、改到海上避敌，纵使金军有再多兵力，在水上也没有施展拳脚的余地。加之南方一带蝼蚁遍地、蛇蝎横行，金军也待不了几天，何不等他们退了兵，咱们再回去？

失去杜充后的赵构左思右想，也没能想出更好的御敌法子，便采纳了这个建议。赵构又接连逃到越州、明州、定海，最后一直漂泊在海上。

公元1130年，横扫中国北部的金国铁骑因难以适应南方的气候，加之宋高宗赵构始终窝居在海上不肯上岸，金军鞭长莫及，金兀术不得不撤兵。

没有了外敌侵扰的南宋朝廷由此得到了片刻安宁，赵构便借此机会先后镇压了荆湖、江西、福建等地的农民起义和横行四起的盗匪。在朝廷内部，赵构任命主和派秦桧为宰相，不断压制主

战派岳飞等人提出的出兵迎回"二圣"的要求，并于公元1132年迁都杭州。至此，只有半壁江山的南宋终于在南方站稳脚跟，金国始终没能灭亡南宋。

### 女真人的祖先

金代的女真人是黑水靺鞨①中的一部发展而来的，他们曾经长期生活在今中国东北地区。

10世纪，靺鞨部落中的一些人组成了一个以"五国"著称的群体。这个群体位于今天吉林省的东北部，并成为女真人的祖先之一。

靺鞨的另一部分被称为"黑水靺鞨"的七个部落，居住在黑龙江的中下游地区。

---

①靺鞨：mò hé。

# 金熙宗改革

　　女真统治者在进入政治文化高度发展的汉族地区后，认识到了汉族统治者的经验，以及汉人的崇儒尊孔对推行文治、治理国家有着非常重要的意义。对此，金国君主金熙宗便效法汉人，在中央建立三省六部等机构、颁行新的官僚制度、废除勃极烈制、剥夺汉人世袭等，渐渐使兵权归其内族，实现了中央集权。

## 废除旧习

　　金熙宗改革的主要内容，是要以三省制替代金初的勃极烈制。金初期的中枢机构职能在皇帝之下，是一种带有氏族残余的贵族议事机构，皇帝则依赖这样的机构来议决国家大事。

　　由于勃极烈贵族会议的职能十分有限，且没有明确分工，从而造成了国家无秩序和效率低下。

金太宗在位的最后一年，颁布"初改定制度"的诏书，废除原有的勃极烈制度，建立新的朝廷中枢机构。

可是诏书颁布后不久，金太宗便去世了。三省制度虽然在继续实施，但执行的力度却大不如前。对此，金熙宗首先在皇帝之下设立三师。即，太师、太傅、太保。只是，这三师的职位虽高，却无实权。

金熙宗任命国论忽鲁勃极烈宗磐为太师；国论左勃极烈宗干为太傅；国论右勃极烈宗翰为太保。并在三省之上设置领三省一事一职，以三师并领三省事。

金熙宗通过改革，首先把军权和行政分开。虽然授予了宗翰等势力最大的军事贵族以最高行政职务，但剥夺了他们的军权，同时还规定，以后各地的军事统帅均不得随意从州郡领军，军权都要收归于中央的都元帅府，大大削弱了旧贵族的势力。

在官制改革所建立的三省制度中，以尚书省为新的行政中枢机构，中书省和门下省的长官均由尚书省官员兼任。其中，门下侍中由尚书左丞相兼任，中书令为尚书右丞相兼任。

尚书省最高长官为尚书令，其下设左、右丞相及左、右丞。三省六部的建立彻底摧毁了旧体制，促进了整个官制改革的进行。公元1138年八月初一，金朝廷正式开始施行新的官制，并开始更

换新的官格，史称"天眷新制"。

# 颁行官制

从金熙宗继位到新官制的颁行，新建的中央机构除三省六部外，还有御史台、宣徽院、翰林院、国史院、殿前都点检司、太常寺、秘书省等。同时，金熙宗在官吏的选举、考核、俸禄等方面，也都进行了相应的改革。

所谓换官格，就是将原来女真和辽、宋的旧官职，按照新制定的官制统一更换。同年十月，又正式制定了封国、封爵制度，使新的官僚制度基本上得以完善。

旧有的勃极烈制度实行的是终身制，而新的官制规定，官员任期为二十五个月，尚书省的官员由皇帝随时任免。新的官僚机构分工明确，直接对皇帝负责，完全成为皇帝实现君王专制统治的工具。

这套官僚制度，从金熙宗以后直到金亡国，基本都没有改变，也由此成为金代的定制。此举大大加强了皇帝的权威，同时也提高了行政机构的工作效率。

# 改革礼仪

新官制颁布后，金熙宗又开始对朝廷礼仪制度进行改革。金国建国初期，朝廷上下保留着一种较为淳朴的风尚，君臣之间也不怎么注重礼仪规矩，尊卑界限十分模糊，这对实行君主专制统治十分不利。

公元1139年三月，金熙宗命令朝中百官详细制定宫中礼仪，开始从这方面进行改革。经过近八年时间的完善，金熙宗先后在宗庙、社稷、祭祀、尊号、谥法、朝参、车服、仪卫及宫禁制度等各方面都进行了大量改革，制定了一套周密详尽的礼仪制度。新的礼仪制度，体现了皇帝至高无上的尊严。

有了这些规定，臣下要面见皇帝需要一系列的烦琐程序，皇帝的威严在此得到了充分的体现。

储君继承方式的改革，也是金熙宗改革的一项重大举措。女真的传统继承方式是兄终弟及。金太祖死后，按律把皇位传给了自己的弟弟吴乞买。金太宗在位时，仍是立弟弟完颜杲为储嗣。后来，因为完颜杲死得早，金太宗才把皇位传给了金太祖的嫡长孙，也就是金熙宗。

金熙宗对这种继承方式进行了根本性的改变，公元1142年三月，他立自己的亲儿子济安为皇太子，确立了父死子承的世袭制度。

# 创造文字

为了统一思想、便于沟通，公元1138年，金熙宗创造了一种笔画简省的新字，叫"女真小字"。

当年九月，金熙宗下诏，任命女真、契丹和汉人官员的妻子为"诰命<sup>①</sup>"，诏书分别用他们本族的文字书写。从此，契丹字、汉字和女真字都成为金朝的官方通用文字。

金熙宗时期政治制度的改革，对金朝的发展有巨大的影响。金朝的各种制度大多在此时形成了基本面貌，同时，改革对金朝社会从奴隶制向封建制的转变也具有深远的意义。

这次改革极大地加强了金朝中央集权的皇汉统治，也巩固了女真改革派和汉人官员在金朝中央的主导地位。

---

①诰命：特指有封号的妇人。

❀ 相关链接：

## 金熙宗苦读经史

金熙宗曾亲自祭拜孔子庙，并面朝北拜了两拜。退下时，他对群臣说："我年轻的时候喜欢行侠仗义，不知道立志学习，等到岁月蹉跎年迈体衰，深深地感到后悔。孔子虽然没有尊位，但他的道理值得尊崇，让万代敬仰。凡事要做好，不能不以孔子来勉励。"

为了能领会孔子的思想，金熙宗读书非常刻苦。他大量阅读《尚书》《论语》和《五代史》等史书，在学习时间上也一直坚持不懈。有时夜里很晚了，他还在灯下苦读。

# 完颜雍的大定之治

金世宗完颜雍在位期间，实施了一系列的开明政策，使金国出现了难得的繁荣局面，人们把这一时期称为"大定之治"。大定之治的措施中，最为人称道的是金世宗能够摒弃个人恩怨，任用有能力的政敌为官。

## 改革律制

在金世宗完颜雍之前，金国选用官员时，看的都是资历，而不是实力。金世宗完颜雍却摒弃了这一点，并亲自从基层提拔了一批出身底层且有真才实学的官员。

刘焕本来只是辽阳的一个留守使，一次，完颜雍巡视东北的时候，别的州县都在做面子工程，把道路修得很好，只有刘焕只是把道路修得平整了一些。完颜雍看刘焕没有劳民伤财，且为人

正直、秉公执守，便任命他为辽东路转运使。

在各项法律的制定和使用上，完颜雍也不因循守旧。他大胆摒弃了没用的法律，并吸取、借鉴唐代和宋代的律法条款。他要求制定律法的官员把律法条款写得简易明了，张贴在各处，使百姓一目了然。

在中国古代，农业生产是一个国家的经济命脉。完颜雍在开创大定之治的时候，非常重视农业。对于女真人不善耕种的缺点，他采用计口授田的方式，按人头分配田地，不再像以前一样浪费田地。对于汉人的农田，完颜雍也兴修水利，保证农民的农业生产。同时，为了增加农村人口劳动力，完颜雍还下令免除奴隶身份，并准许他们回家种田。这样不仅补充了金国的劳动力，还促进了农民的收入。

除此之外，完颜雍还奖励耕种，对开垦荒地的人员进行奖励。对于经常发生水旱的地区，完颜雍则用免除租税、补种的方法使农民降低损失。

## 繁荣局面

完颜雍在位的二十九年中，金国出现了稳定繁荣的局面。

金国是以女真人占主体的国家，金世宗完颜雍采用汉法治理金国，改正本民族的一些不良习俗，使金国成为当时的强国。

完颜雍善于使用人才，且善于挖掘底层人才，这些人知晓民间疾苦，懂得如何为百姓谋福祉。所以，完颜雍选用的这些人在任期间受到了百姓的爱戴。

在金世宗完颜雍之前，金国赌博之风盛行，尤其是官员阶级。完颜雍对此予以沉重打击，为了遏制这些行为，完颜雍对几个情节恶劣的官员予以严惩，起到了杀一儆百的作用。

当时，很多奴隶被完颜雍释放，这些被释放的奴隶便投身到农业生产中，使农业生产有了很好的发展。加之完颜雍积极的奖励措施，一些缺地的农民有了开垦荒地的积极性，金国的农业税收增加得极快。

在外交方面，完颜雍与南宋订立了隆兴议和。西夏与高丽是金国的两个属国，西夏与高丽相继发生叛乱，完颜雍采取不干涉他国内政的政策，在西夏与高丽的内乱结束后才与之交往。不仅减少了两国的担忧，金国本身也免去了不少麻烦。

金世宗完颜雍时期，金国无论是政治、军事，还是农业等各个方面都有很大的发展，大定之治正是在完颜雍的辛勤努力下才产生的。

# 再说大定

南宋理学家朱熹评价大定之治时说，金世宗完颜雍虽然是少数民族君主，却提倡汉文化，将国家的政治与军事都以汉人王朝为榜样，算得上是小尧舜。

史学界关于大定之治的评价，主要针对金世宗完颜雍使用汉法的结果。完颜雍最为人津津乐道的是他所提拔的官员，他在提拔官吏的时候，改变了金朝前期的政策，完全按官员的才能和品德去评判。

大定之治中的和平外交，也受到后人很高的评价。金国是渔猎民族建立的国家，建国之初与周边的国家战争不断。完颜雍成为君主后，改变了对外战争的国策，采取与他国和平相处的政策。与南宋方面，完颜雍废除了绍兴议和中一些不尊重南宋的条款；在高丽与西夏发生叛乱时，完颜雍也不派兵干涉他国内政。金世宗完颜雍励精图治、革除弊端，开创了大定之治，金国在完颜雍时期国力达到顶峰。

## 完颜雍时期金国与南宋的关系

完颜雍即位后，把主要精力都放在对付契丹人叛乱上，所以与南宋维持着相对和平的状态。

他首先向南宋声明，对南宋的侵略是完颜亮的错误，和他以及他的百姓无关，他主张议和行事。其次，对南宋的军事行动保持克制，不予以还击。

待完颜雍平息了契丹人的起义后，对南宋的态度又变得强硬起来。先是击溃了川陕的宋军，后又逐步收复了丢失的土地。

公元 1163 年，完颜雍击退了宋孝宗的隆兴北伐，和南宋重新订立了隆兴和议。完颜雍在和约上做出让步，改宋向金称臣为称叔，而且把岁贡改称岁币，并减少了十万。隆兴和议使金、宋两国维持了四十多年的和平。

# 丘处机论道

在道教的历史和信仰中，丘处机被奉为龙门派的祖师和全真道"七真"之一。在金庸的武侠小说《射雕英雄传》和《神雕侠侣》中，丘处机则被描述成一位豪迈奔放、武艺高强的道士，是一位抗金护民的英雄人物，为大众所知。

## 大汗盛邀

无情不过帝王家。这句古训对于绝大多数古代帝王都是适用的，却不太适用于成吉思汗和丘处机之间的交往。

历代帝王都有一个共同的追求，就是希望自己长生不老，成吉思汗晚年也不例外。公元1219年，成吉思汗西征途中，听身边的汉臣刘仲禄说丘处机法术高超、道行深远，于是他便产生了见一见丘处机的想法。

公元1217年，丘处机接任全真道第五任掌教，此时的全真道正是鼎盛时期。当时，中国南方有南宋，东北有金国，西部有西夏。成吉思汗统一草原后建立了蒙古帝国，中国正式从"三国鼎立"变成了"四方争雄"。

民间有传说，丘处机有长生之术，年龄至少有三百岁。丘处机的声名远播，金国的金宣宗和南宋的宋宁宗相继邀请丘处机到自己的国家叙一叙"长生不老"的话题。但是，丘处机认为金朝有"不仁之恶"，南宋有"失政之罪"，便都拒绝了。

公元1219年农历五月，成吉思汗派刘仲禄赴山东邀请丘处机。刘仲禄原是金国人，蒙古大军攻入燕京后不久便归降于蒙古。他能做鸣镝、通晓医术，受到成吉思汗的赏识，成为成吉思汗的近侍官。刘仲禄奉成吉思汗的命令，在路上奔波了七个月，才到达丘处机所在的山东莱州的昊天观。

# 著书立说

《长春真人西游记》是丘处机的弟子李志常跟随丘处机西行时写的日记，该书成书于公元1228年，共二卷。上卷写丘处机师徒西行来到大雪山西北坡八鲁湾成吉思汗行宫觐见，然后又回到中亚名城撒马尔罕的事；下卷则记载丘处机讲道的经过和东归的行程。

此书不但记录了丘处机一行沿途所见的山川地理、风土人情，还记录了丘处机的生平以及途中的诗作。此外，该书还收录了成吉思汗的一道诏书、四道圣旨。

《长春真人西游记》载："成吉思汗皇帝遣侍臣刘仲禄献虎头金牌，其文曰：如朕亲行，便宜行事。及蒙古人二十辈，传旨敦请。"意思是，成吉思汗派遣近臣刘仲禄带着刻有"如朕亲行，便宜行事"八个字的虎头金牌，向丘处机传达了成吉思汗的圣旨，恳切邀请丘处机莅临草原。奉成吉思汗命令一同前去邀请丘处机的，还有二十多名蒙古兵。

公元1220年正月十八日，七十三岁高龄的丘处机带赵道坚、尹志平、夏志诚、王志明、李志常等十八名弟子从昊天观来到燕京。成吉思汗虽然不住在燕京，但是燕京的蒙古军将领却知道，成吉思汗已于公元1219年六月西征花剌子模。丘处机觉得自己年事已高，加上路途遥远，担心身体吃不消，便想约成吉思汗来燕京见面。于是他给成吉思汗写信说：请大汗到燕京来聚。

丘处机在燕京逗留了近八个月，直到公元1220年农历十月，才收到成吉思汗的回信。

成吉思汗在给丘处机的回信中说："您的仙驾既然已经从蓬莱驶出，还是可以到达西域天竺的。当年达摩东来，创立禅宗之法，心灵得到超脱；老子西行，教化西方胡人，自身修成正果。我现在的位置离您虽远，但对于您这样的得道仙人来说，用拐杖量几下就到了，算不了什么。这样回复您的来信，足以表明我对您的诚意。"同时，成吉思汗还特别嘱咐刘仲禄，务必照顾丘处机的身体，不必急着赶路。

## 劝诫可汗

成吉思汗与丘处机第一次见面之前，一直称呼丘处机为"真人"。第二次见面，就改称丘处机为"神仙"了。此后，这个称呼也一直都没有变过。

丘处机和成吉思汗的使臣商量后，确定于公元1221年春天出发。因此，丘处机在燕京度过了一个冬天。

公元1221年二月初八，丘处机和众弟子正式启程，数月兼程，在四月初一抵达漠北草原成吉思汗的大营。一路上，成吉思汗最小的弟弟帖木格为丘处机提供了马牛各百匹，成吉思汗的大将博尔术也保护丘处机一行人渡过了阿姆河。

丘处机和成吉思汗见面后，便建议成吉思汗：一要停止杀生，二要强化自身；三要多行教道。这三个建议，成吉思汗都一一采纳了。

丘处机与成吉思汗分别后，成吉思汗对丘处机十分关心，他多次写信给丘处机，询问丘处机的生活状况和车驾行程，关怀之情溢于言表。

公元1227年，成吉思汗全力进攻西夏，战事紧张，但仍不忘丘处机。《长春真人西游记》载："阴历五月二十五日，奉着成吉思汗的圣旨，道人王志明从天水赶来。他带来了成吉思汗的圣旨，圣旨中说，将北宫仙岛改为万安宫，长春观改为长春宫，令天下出家修炼之人都要听从丘处机的管理，并赐金虎牌，强调道家的一切事务全部由神仙丘处机负责。"

一般来说，佛家修炼的地方叫寺，道人修炼的地方叫观，帝王的住所才叫宫。自丘处机拜见成吉思汗后，成吉思汗便改道教的"观"为"宫"，视丘处机等同于帝王。

公元1227年农历七月初九，丘处机在长春宫宝玄堂逝世，享年八十岁，元世祖忽必烈下诏赠封他为"长春演道主教真人"。

### 中国的道教

道教是中国本土的宗教,以"道"为最高信仰。距今已有一千八百多年的历史,祖师是张道陵。他们尊奉的是将"道"的信仰人格化。

道教在中国古代鬼神崇拜观念的基础上,发扬黄、老道家思想为理论根据,承袭了春秋战国以来的神仙方术衍化形成。

东汉末年,著名的道教组织有太平道、五斗米道。道士是道教的神职人员,全国现有住观道士三万余人。宫观是道教教徒活动的主要场所,全国现登记开放的宫观有两千余座。

# 元好问作诗

　　元好问，字裕之，号遗山，今山西忻州人。公元1224年，元好问中宏词科，授儒林郎，充国史院编修，后历任镇平、内乡、南阳县令；公元1232年，擢尚书省掾。不久，又升任左司都事，转任尚书省左司员外郎。元好问才雄学赡，是金、元时期著名的文学家和史学家，也是金末元初文坛上的一代宗师。他在诗、词、文、曲、小说和文学批评方面均有造诣，著有《遗山集》，编有《中州集》。

## 诗写人生

　　元好问一生经历坎坷，未满周岁时便被过继给了叔父元格；年仅五岁便随叔父转徙于山东、河北、山西、甘肃的县令任上；三十五岁登进士及第被授予国史馆编修，但没过一年就辞官回家了。此后，他又在三十七岁时担任了镇平县令；三十八岁任内乡县令；四十二岁任南阳县令。

金朝末年，到处都是一片衰败荒凉的景象。不要说有才能的人报国无门，在当时，就是苟全性命也是件难事。元好问三为县令期间，正是金政权崩溃的前夕，各种社会矛盾迅速激化，赋敛繁重，民不聊生。

而当时县令的职责就是征粮、催租，由于金国对蒙古作战，军费开支庞大，老百姓的税赋是平时的三倍之多。身为县令的元好问，既不忍心向衣食无着的百姓征科，又没有粮食来补充军队。

这种末世情调，令元好问感触颇深，当镇平县令时便写下《十日登丰山》："芳臭百年随变灭，短长千古只纷纭。诗成一叹无人会，白水悠悠入暮云。"

后来又写有"老计渐思乘款段，壮怀空拟谩峥嵘。""无限春愁与谁语？梅花娇小杏花憨。"等数首诗作，表达了他内心的痛苦和对"醉乡民""樵叟"的无限向往。

## 吟咏济南

元好问一生曾经两次到过济南，第一次是在儿时。由于当时年幼，济南留给他的记忆仅仅是"大城府而已"。

公元 1235 年，元好问应在济南任漕司从书的好友李辅之的邀请，再一次来到济南。这一次，元好问在济南盘桓二十日，遍游了济南的名胜古迹，前后留诗十五首，其中《杂诗》十首，还有《泛舟大明湖》等五首。

其中，《泛舟大明湖》写于傍晚时分荡舟大明湖所见所思；《华不注山》一诗极写华山的孤峭之美。

这一次的济南之行，给元好问留下了极其深刻的印象。他在《临江仙·李辅之在齐州，予客济源，辅之有和》一词中再次忆及此次济南之行：

荷叶荷花何处好，大明湖上新秋。红妆翠盖木兰舟。江山如画里，人物更风流。千里故人千里月，三年孤负欢游。一尊白酒寄离愁。殷勤桥下水，几日到东州！

## 二叹南阳

元好问所作的诗中，关于他在南阳为政的诗词并不多。但从少有的一些相关诗词中我们却可以看到，各种社会矛盾日益激化、连年兵祸、国库空虚、赋敛繁重、民不聊生的景象。

元好问在镇平当县令时，曾写诗《镇平书事》："劝农冠盖已归休，了却逋悬百不忧"。这首诗道出了他在任时，对百姓生

活的关心程度。

他在初到内乡任上时写的《宿菊潭》："到官已三月，惠利无毫厘。汝乡之单贫，宁为豪右欺？"不仅表达了他对百姓疾苦的同情和对贪官污吏的痛恨，还道出了他教民众不负皇命的亲切关怀。

元好问在南阳任职期间，不仅关心南阳的老百姓，对南阳的山山水水也非常热爱。元好问这一时期的诗作，有大量表现南阳佳山秀水、自然风光的。如《张主簿草堂赋大雨》："淅树鸣蛙告雨期，忽惊银箭四山飞。长江大浪欲横溃，厚地高天如合围。万里风云开伟观，百年毛发凛余威。山虹一出林光动，寂历村墟空落晖"。

《观淅江涨》诗中："一旱千里赤，一雨垣屋败。淅故以江名，暴与众壑合。初惊沙石卷，稍觉川谷隘。雷风入先驱，大地供一嗌。……"

在元好问的笔下，南阳的山水田园、花草树木是多姿多彩的，是充满诗情画意的。在《十日登丰山》中，他称赞今南阳的丰山、白河是"丰山孤秀出尘氛……白水悠悠入暮云"。在《被檄夜赴邓州幕府》中，他歌咏南阳的田园、村落是"十里陂塘春鸭闹，一川桑柘晚烟平"。

此后，他因为官职调动离开南阳，还写了一首《三奠子》的词，表达了他依依惜别的深情："怅韶华流转，无计流连。行乐地一凄然。笙歌寒食后，桃李恶风前。连环玉，回文锦，两缠绵。芳尘未远，幽意难传。千古恨，再生缘，闲衾香易冷，孤枕梦难圆。西窗雨，南楼月，夜如年！"

公元1239年，元好问回到家乡。他时常回想起昔日在内乡山居生活时的情景，便用饱蘸深情的笔墨写下："我在正大初，作吏淅江边。山城官事少，日放淅江船。菊潭秋华满，紫稻酿寒泉。甘腴入小苦，幽光出清妍。归路踏明月，醉袖风翩翩。父老遮道留，谓我欲登仙。一别半山亭，回头十余年。江山不可越，目断西南天。"在《九日读书山》一诗中，他表现了自己对南阳的深切眷恋，以及对南阳的浓浓情意。

## 元好问作品的特点

元好问的诗，最主要的特点就是内容真实、感情真挚、语言优美浮华。不管是与他同时代的人还是后世之人，都对他的诗文有极高的评价。

他的朋友徐世隆说："他作诗文，皆有法度可言，不仅意喻深刻，而且有豪迈之气；他用俗为雅，变故为新。"

《四库全书总目·遗山集》中评价元好问："好问才雄学赡，金元之际屹然为文章大宗，所撰《中州集》，意在以诗存史，去取尚不尽精。至所自作，则兴象深邃，风格遒上，无宋南渡宋江湖诸人之习，亦无江西派生拗粗犷之失，至古文，绳尺严密，众体悉备，而碑版志铭诸作尤为具有法度。"

# 令人敬重的金哀宗

　　金哀宗是中国历史上最值得敬重的皇帝之一。金哀宗原名完颜守礼，被立为皇太子后更名为守绪。他继位时，正是金国四面楚歌、风雨飘摇的多事之秋。北边蒙古成吉思汗对金国一直虎视眈眈；南边的宋国为报靖康之耻与蒙古联合灭金。可以说，金国陷入宋蒙南北夹击之中。而在金国内部，各地反抗斗争也不断发生，金国可谓是内外交困。但是金哀宗并没有坐以待毙，而是励精图治，采取各种措施，企图挽救金国于危难之中。

## 调整格局

　　金哀宗完颜守绪是金国第九位皇帝，原名守礼，女真名宁甲速，是金宣宗完颜珣的第三个儿子。

完颜守绪在位十年期间，任用完颜陈和尚、完颜合达等名将抗击蒙古，并尝试改善与西夏、南宋的关系，还进行了一系列的改革。

金哀宗首先做的就是整顿吏治、加强法纪。他要求各级官吏按照国家制度秉公办事，对那些有法不依、枉法徇私的贪官酷吏一律严惩不贷。他还广开言路，鼓励官员及百姓为国家大事献计、献策；并任用了一批抗击蒙古有功的将帅分掌军政，并将营私舞弊、专横跋扈的无能之辈统统罢免。

金哀宗非常清醒地认识到，刚刚崛起的蒙古汗国是金国最大的敌人。要救亡图存，就必须集中力量全力对付蒙古。

因此，他一改金国历代与宋为敌的做法，停止了侵略南宋的战争，多次派人到光州一带张贴告示，向宋金国界的军民发布声明，称今后不再征伐南宋。

公元1225年，金哀宗还通过谈判联合了正遭受蒙古侵扰的西夏，并约定西夏对金称"弟"，而不再称"臣"，不用金国年号，双方互不侵犯。

## 对付蒙古

改善了外交关系后，金哀宗便开始全力对付蒙古。公元1226

年，经过一年多的征战，金哀宗先后收复平阳、太原等重镇。

此时，成吉思汗正集中力量进攻西夏。公元1227年，西夏灭亡。解除了后顾之忧后，蒙古军便集中兵力攻打金国。

面对蒙古军的大规模入侵，金哀宗避其锋芒，先是率军到达归德，后见归德难守，便又驻守蔡州。蔡州保持了六个月的和平，在这六个月里，金国相对平静，城中还恢复了以往商贾云集的繁荣场面。

但是不久，蒙古军再次兵临蔡州城下。困守孤城的金哀宗便派使臣向南宋"借粮"，借机求和。使臣临行前，金哀宗得知蒙古要联合南宋共同攻打金国，便施以重金，反复嘱托使者要努力争取南宋的支持，要向南宋朝廷陈述金国和宋国唇齿相依的道理。

可是南宋君主却认为，与蒙古联合灭金是报"靖康之耻"、建立不朽功业的绝好机会，便主动投靠蒙古。而蒙古只是口头上答应灭金之后把河南的部分土地还给南宋，并没有诚心想和南宋交好。

## 英勇御敌

按照宋、蒙协议，南宋大将孟珙率领二万大军，带着南宋赠给蒙古军的三十万石粮食，兵临蔡州城下。

公元 1233 年九月，蒙古与南宋联军合攻蔡州。蒙宋联军围攻蔡州三个月，蔡州外城最终被攻破。

面对失去的城池，金哀宗泪流满面。他对群臣说："我金国自开国以来，已有一百多年历史。你们当中，有的是因祖先的功劳而锦衣玉食，或是因为自己的努力高居官位。如今国家危急，你们还能和我一道共患难，可以称得上是真正的忠臣了。现在，蒙古军将要攻城，这正是你们立功报国的好时候。纵然是战死，也不失为大金国的忠孝之鬼。"言毕，又亲自给群臣倒酒。

众臣在他的激励之下，纷纷拿起武器奋力抵抗，蒙古与南宋的军队几次围城，均被金军给挡了回去。

然而，蒙宋联军来势凶猛，蔡州的处境日益艰难。在群臣的劝说下，金哀宗不得不于十二月二十四日夜间换上便装，悄悄潜出城池，但到了蒙古军的营栅前时，却被蒙古军发觉，只得又退了回去。

城中粮草断绝，金哀宗便宰杀了自己厩中的五十匹骏马和一百五十匹军马给将士们食用，后又取出御用的金银器皿赏赐给将士，以此激励将士们继续坚守。

公元 1234 年正月，蒙古军凿开西城五门杀进了城里。金国大将完颜仲德指挥士兵激烈巷战，暂时击退了蒙古军。

金哀宗见蔡州难以坚守，便哭着对近侍官说："我为金主

十年，当太子也有十年，其间没有什么大的罪孽，死也无憾。恨只恨祖宗传下来的基业到我这一代却偏偏就没有了，这和历史上那些荒淫残暴的昏君有什么两样，实在是令人痛心！自古以来，没有不亡之国，只有亡国之君，我是绝不会做辱没祖宗的事的！"

## 以身殉国

当晚，金哀宗招来金军统帅完颜承麟，对他说道："我想把皇位传给你。"完颜承麟听后赶紧推辞。

金哀宗说："这实在是万不得已，这座城马上就要失陷了，而我不善于骑马，只有以身殉国。你身手矫健敏捷，又有谋略，如果能突围脱身，使国家得以延续下去，我就是死，也可以瞑目了。"完颜承麟只得应允。

第二天清晨，金哀宗正式宣布传位。在举行禅让仪式的时候，宋军已经攻入南城。接着，蒙古军又攻破西城，金国守军退却，蒙宋联军蜂拥而入。

金哀宗把玉玺交给完颜承麟后，就在幽兰轩上吊自尽了。金大将忽斜虎叹道："皇帝都已经殉国了，我们还为谁拼杀呢！"言毕，也投水自杀，一时间与金哀宗一道殉国的将士多达五百多人。

正在酣战中的完颜承麟也听说了金哀宗殉国的死讯，急忙率百官到金哀宗的尸体前拜泣。他对众人说："先帝在位十年，勤俭宽仁，图复旧业，但最后壮志未酬，令人哀叹。"遂仓促地为金哀宗留下了"哀"的谥号。

　　不久，蒙宋联军再次进攻，尽管金军拼死抵御，但却未能击退蒙宋联军。

　　完颜承麟未能成功突围，死于乱军之中。

## 金朝的石拱桥

在辽宁省凌源市天盛号乡天盛号村外，有一座五柱头四栏板的单孔石拱桥。

据考证，这座桥是大定十年，即公元1170年建的。桥下的河在辽金时期称为"狗河"，元朝以后至今称为"渗津河"。因为这座桥建在天盛号村的东面，所以人们也把这座桥定名为"天盛号金代石拱桥"。

天盛号金代石拱桥是迄今为止发现的关外最古老的石拱桥，它的发现对研究我国桥梁史、辽宁省朝阳市的地貌变迁和塞外交通等情况都具有重要价值。

这座桥横跨古河床，桥有上下拱，上拱呈半圆形，下拱呈半椭圆形。桥身两侧砌出八字拦水翼墙，桥拱中间嵌有一方用楷书刻着的修桥志石。

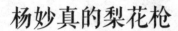

# 杨妙真的梨花枪

杨妙真是金末红袄军头领杨安儿的妹妹，绰号"四娘子"。她不仅长得漂亮，还有一手独门绝技"九转梨花枪法"，纵横山东。人们称她的枪法是"梨花枪打遍天下无敌手"。她为什么能被世人熟知，还做上了蒙古女行省呢？

## 抗金英雄

金朝末年，新兴的蒙古大军多次南侵，金兵接连失利。金朝统治者为了支撑腐败的政权，在民间横征暴敛，老百姓对此苦不堪言，各地起义军揭竿而起。也就是在这时，爆发了声势浩大的杨安儿、杨妙真兄妹领导的农民大起义。

杨氏兄妹领导的红袄军，不仅组织严密，而且武器先进。他们齐心协力、作战勇猛，屡次打败敌人。

有一次，他们袭击了金军大寨，金左副元帅宗翰差点被生擒。金军因此十分痛恨杨安儿和杨妙真的红袄军，便一直追杀他们。但是由于红袄军体恤百姓，深得百姓爱戴，所以红袄军的队伍越来越大了。

## 比武嫁夫

一天，杨安儿的红袄军遇到了正在同宋军作战的李全。李全是北海人，长得高大魁梧，并且擅长骑马、射箭，人称"李铁枪"。

李全的部队和杨安儿的部队发生冲突，杨安儿对李全说："你是条好汉，可以和我妹妹比试一番。如果你赢了，我就把我妹妹许配给你。"

李全早就听说过杨妙真的大名，并且对杨妙真非常仰慕。为了能够娶到杨妙真，他和杨妙真进行比试，两人打得不分高下。

李全发现自己单打独斗打不过杨妙真，便动了歪脑筋。他对杨妙真说，今天我战累了，要隔一天再战。随后，他命令两个手下埋伏在暗地里。第三天，李全和杨妙真再战的时候，两个埋伏在暗地里的手下一拥而上，把杨妙真打败了。杨安儿也没食言，果真把杨妙真许给了李全当老婆。

杨妙真嫁给李全后，夫妻二人情投意合，在他们强强联手的

带领下，红袄军精锐进入金人的统治区，把金军打得落荒而逃。

后来，杨安儿率领的红袄军被金朝安抚使仆散安贞打败，杨安儿也惨死。李全便带着杨妙真及红袄军残部在山东扎下根，被南宋朝廷封为"山东忠义军"。

公元1219年，李全因俘杀金"四驸马"有功，被晋封为刺史，杨妙真也因此被封为"令人①"。

然而，南宋虽然任用了杨妙真和李全，可朝廷里的人却排挤贤能之士。他们令赵范、赵葵，奉令节制镇江、滁州兵马，赵善湘为江淮制置使。南宋朝廷派出的这三个人，都视李全、杨妙真夫妻为敌，都想置他们夫妇于死地。

此后，李全被逼得不得不公开与南宋为敌。他先攻取了南宋的通、泰二州，然后又渡江攻打南宋的京师。此后，还占领了泰州、扬州，后在湾头被宋军阻拦，并与宋军展开了长达半年之久的对峙。

公元1231年正月，李全中了宋军的埋伏。扬州城外有一个叫新塘的地方，其中有一片淤泥深达数尺。当时天气晴朗，新塘里的淤泥也积满了灰尘，从远处看，很容易让人以为是一片平地。

这天黄昏，赵范等人假装兵败，把李全连同他的属下全部引入了新塘。李全和属下被陷在淤泥里动弹不得，岸上的宋军则乱箭齐射，李全惨死在新塘的淤泥里。

---

①令人：古代妇女的封号。

# 辞官归隐

　　杨妙真的丈夫被宋军杀死，军心也由此崩溃。对南宋朝廷恨之入骨的杨妙真便对手下的兵将说："我杨妙真的梨花枪打了二十年，打遍天下无敌手。可如今大势已去，我也撑不住了。你们不投降，是因为我还在，只要我在军中，宋军便不会接受你们的投降，更不会饶了你们。而要你们杀了我去投降，你们肯定也不忍心。所以我现在就回涟水去，你们就跟朝廷说，你们想杀我，但是被我逃了。"第二天，杨妙真渡河而去，投奔了窝阔台的蒙古军。

　　蒙、宋两国的战争爆发后，杨妙真参加了对淮南的进攻，并出任按赤台的副手。因为有杨妙真的存在，宋将袁甫忧心忡忡地上书朝廷："微臣以为，国家在生死存亡的关键时刻，形势最紧急的莫过于北边。他们马匹肥壮，兵力强盛，必定会有大动作。同时微臣也得到消息，他们将兵分三路进攻我们，曾经的红袄军杨妙真也在其中。"

　　果真，在征讨南宋的过程中，痛恨南宋朝廷的杨妙真为蒙古国屡建功勋。杨妙真因此受到了窝阔台大汗的亲自接见，并被任命为行省官，委以重用。

　　不过杨妙真却觉得自己不适合做行省官，便找了一个合适的理由，把统治权交给自己的儿子李璮，自己辞了官。

　　杨妙真去世后，明朝著名抗倭将领戚继光在《纪效新书》里高度评价杨妙真："枪法之传，始于杨氏，谓之曰梨花，天下成尚之，变幻莫测，神化无穷，后世鲜有得其奥者。"《阵纪》里也有对杨妙真的高度评价："天下无敌者，惟杨家梨花枪法也。"

## "李铁枪" 李全

《宋史·李全传》记载，李全是山东潍坊人，他是母亲所生的三胞胎中的三儿子。

他长得头小眼大，平时诡计多端，又爱使铁枪，便得了"李铁枪"的绰号。李全的母亲和大哥死于蒙古兵的屠杀，李全则与二哥李福一起聚集千余人，一同造反，手下有刘庆福、国用安、于洋、郑衍德等人。

南宋词人、文学家周密的《齐东野语》中还记载：李全性格狂暴，可手持重达四十五斤的大铁枪。

# 金朝人的姓氏

　　金朝统治者每次用人之际，在建国初期国家形势有所上升的时候，以及国家危亡之时，常常对汉、契丹、渤海、蕃族等人，赏赐女真的姓氏，用这样的恩宠来换取他们的忠心。最开始的时候，赐姓并没有什么制度可言，但是到金宣宗时期，赐姓就已经成了定制。只是，这样的制度同样也没能扭转金朝灭亡的厄运。

## 初期赐姓

　　公元 1115 年，完颜阿骨打正式建立了女真族政权——大金。在随后的十几年里，金国的铁骑踏遍大半个中国，先后灭掉辽、北宋两个强大的政权，统一了中国北方。

　　在对金国政府的建立和巩固中，立下汗马功劳的不仅有女真人，还有渤海人、契丹人、汉人。对于这些人，完颜阿骨打不仅给予了高官厚禄，还对其中的一些人赐予了女真的姓氏。

在这其中，耶律慎思就是契丹人。在辽天祚帝逃亡、躲避金兵追捕的过程中，耶律慎思降金，并报告了天祚帝的行踪，使天祚帝被金朝俘虏，辽国灭亡。耶律慎思因此立下大功，成为金朝第一个享受赐姓的人，还被授予了高官。

除此之外，金朝初年被赐姓的还有郭药师、董才等人。郭药师和董才在金灭北宋的战争中起到了重要作用，郭药师更是用自己的力量左右了辽、宋、金三朝的兴亡。所以，他们两人被赐予了国姓。

总之，金朝初期赐姓，没有什么制度，只是根据皇帝的喜好，或对立下战功的异族人赐予国姓"完颜"。

## 后期赐姓

金朝后期，国力衰退，内忧外患加剧。内有权臣乱政，红袄军等农民起义；外有蒙古入侵，逼得金朝统治者不得不迁都汴京。

在这种情况下，金宣宗不得不采用赐姓的方法来笼络人心。金朝后期的赐姓大致赐的都是有战功的人、边疆少数民族的豪强大族、后族以及归顺的叛臣和大盗四种。

对立有战功的人，金国朝廷明确规定了赏格。能用一千人杀掉三千敌人的，赐及亲戚、亲属并包括关系近的亲属。如金人郭阿怜与郭仲元，同时应募为兵，都官至节度使，并被赐予完颜姓。

对于边疆少数民族的大族豪强，金国朝廷也同样赐姓。通远军节度使乌古论长寿和通远军节度副使温敦永昌，都属于金国藩属。乌古论长寿原本姓包，袭的父永本族都管的职，因为久镇边陲、战功卓著，且又深得人心，被金国皇帝赐予乌古论的姓。

对归降的西夏蕃族将领，金国朝廷也多予以赐姓。如西夏葩俄族都管汪三郎，率领自己的藩属归降金国，并向金国进献牛羊。汪三郎因此被赐姓完颜，后来成了一代名将。

对于金的后族，金哀宗的母亲、金宣宗明惠皇后一族，就都享受了赐姓的荣耀。明惠皇后原本姓王，金宣宗赐给她温姓。明惠皇后的妹妹和父亲因为姐姐得皇上恩宠，也同样被赐了姓，被赐为姓温敦。

金朝后期，赐姓的另一种就是归顺的叛臣和大盗。国用安是红袄军的余部，曾投降于蒙古，后来占据了徐、宿、邳三州，归降金国。还有张甫，在最开始的时候归顺蒙古，后被涿州刺史李瘸驴招安，朝廷赐他金紫光禄大夫一职，并赐姓完颜。

虽然金国赐给很多人国姓，但最终也没能起到太好的效果，

还是被蒙古军所灭。

# 赐姓种类

根据陈述先生的《金赐姓表》分析，金朝所赐姓氏共有十一种。即，完颜、夹谷、温敦、和速嘉、兀林答、温撒、必兰、颜盏、女奚烈、乌古论、蒲察。其中，前十种为白号姓，只有蒲察为黑号姓，且只有一人，就是蒲察官奴。

金朝赐姓全为白号之姓，在白号八十三姓中占十姓，而黑号十姓则没有一个被赐姓。且白号之姓所封的人中，三个郡都有分布。如完颜、夹谷封金源郡；温敦、和速嘉、兀林答封广平郡；温撒、必兰、颜盏、女奚烈、乌古论封陇西郡等。

什么是白号姓？什么是黑号姓？由于史料缺乏，今人已经无从知晓。但是金朝赐姓为什么只有白号姓，而没有黑号姓呢？相关专家研究认为，很可能是所赐姓氏为较尊贵的姓，金太祖登基时曾说："辽以宾铁为号，取其坚的性质。钢铁虽坚固，但容易锈蚀，只有黄金才会长久不变。真金白银，完颜部崇尚白色。"可见，金以白为贵，所以金朝皇帝赐给臣下的姓一般都为白号姓。

## 金代女真人的服饰

金代女真人的服饰、装扮的基本特征大致有以下五种：

第一种，喜欢皮的东西，而且从头到脚，不论是衣服还是鞋子，都喜欢用兽皮。

第二种，衣襟向左扣，这也是金人与汉人服饰最大的区别。

第三种，金人的衣裳多是短袍短衫，之所以不是长袍马褂，是为了便于骑马。

第四种，金人的衣服以白色为主，与完颜部的崇尚白色相一致。

第五种，金朝的男人要剃掉一部分头发，剩余的都辫成辫子；女的则挽成发髻。不管是男是女，都会佩戴首饰。

# 金朝是如何灭亡的

公元1127年，北宋王朝的首都开封被金国的铁骑践踏。金军掳走了北宋徽宗、钦宗两位皇帝，以及后妃、宗室大臣三千多人和大量的金银财宝，给宋朝人民留下了不可磨灭的耻辱。然而，强大的金国却在建国一百二十年后，于公元1234年灭亡了。这个朝代是如何灭亡的？其原因值得我们深思。

## 人才匮乏

金国建国初年，国内人才济济，除前两任皇帝完颜阿骨打和完颜吴乞买外，还有完颜银术可、完颜宗翰、完颜宗弼、完颜娄室、完颜宗干、完颜宗望、完颜昌、完颜阇①母、完颜杲、

①阇：dū。

完颜希尹等一大批能人志士。但是这些能人志士却在金国建国后的二十年内迅速消逝了，分析其中原因，最大的因素就是内部斗争过于激烈。

金熙宗在位期间，金国内部分为两大派系，分别是改革派和保守派，他们因为金国未来的发展方向一直争斗不断。

改革派取得胜利后，便怂恿朝廷向南宋发动进攻，夺回被保守派送给南宋的黄河以南的土地。但是，金国的军事力量自完颜吴乞买执政后期就开始渐渐衰落，第二代将领中更是缺乏优秀的军事将领。

到了金世宗、金章宗时期，虽然有纥石烈志宁、纥石烈子仁、仆散揆等中兴将领，但能力远不及前辈。到了卫绍王时期，在野狐岭遭到蒙古军队猛烈打击的完颜承裕、独吉思忠擅自放弃西京，后又废立卫绍王的纥石烈执中、术虎高琪就更不用提了。虽然在金宣宗、金哀宗时期出现了如完颜合达、完颜陈和尚等人，但其能力与对手相比还是相差甚远。

金朝末期人才的匮乏，对金国和蒙古的战争造成了严重的影响。尤其是在野狐岭之战中，庸才完颜承裕和独吉思忠使金国朝整整损失了四十万精锐，金国至此由盛转衰。

# 天灾人祸

金章宗在位后期，十分宠爱后妃李师儿，致使李师儿干预朝政、培植党羽。当时把持朝政的胥持国就是其中之一。李师儿与胥持国结党营私、互相勾结，使金章宗统治后期朝政混乱，军事也逐渐荒废。

公元1189年到1194年，黄河三次决口改道，泛滥成灾，中原地区百姓流离失所，农业生产被破坏严重，赋税急剧减少。与此同时，北边的鞑靼和蒙古不断起兵抗金，南宋也不断发动对金的战争，金朝廷对外作战的军费与日俱增。在这种情况下，金章宗仍不予理会，还一味地追求奢华享受，致使财政愈加入不敷出。

为了增加国库收入，金朝廷大量发行交钞①，造成社会经济紊乱，国力愈加衰败。卫绍王完颜永济继位后，并没有加以改善，而是政治清算。他先毒杀了金章宗的贾贵妃；后又逼着范妃堕胎后削发为尼；最后处死了元妃李氏等人，致使朝中人心惶惶。

蒙古军进攻金国时，完颜永济也不能知人善任。他先是将心系边关安危的将领那哈买下狱；而后任用庸才完颜承裕和独吉思忠；再后来，他又任命了纥石烈执中。

完颜永济在位期间，天灾不断，地震、大旱、水灾等频发，

①交钞：纸币。

饿殍遍地，金国经济受到了严重打击。金宣宗继位后，不仅南迁汴京，还在国家存亡之际攻打南宋，致使金国丧失了收复被蒙古侵占的土地的最佳时间。

# 外敌入侵

公元 1215 年，蒙古以金国皇帝南迁为由再度起兵攻打金国中都，并占领河北地区。金宣宗南迁之后国势衰弱，蒙古也早已取代金国称霸中原。

此时由于成吉思汗与花剌子模发生纠纷而西征，金国才终于得以喘息。金宣宗想重振金国，但他没有丝毫雄才大略，在政治上毫无起色。持续多年的战争让金国处于四面楚歌的局势，直到公元 1224 年金宣宗去世才平息。

公元 1224 年，完颜守绪继位，即金哀宗。金哀宗继位后鼓励农业生产、发展经济，与南宋、西夏和好。

公元 1227 年，蒙古灭掉西夏，同年，成吉思汗去世。公元 1229 年，窝阔台继位，即元太宗。

公元 1230 年，蒙古分三路讨伐金国。公元 1232 年，蒙古军拖雷率军战略大迂回，在三峰山大败金军，完颜合达、完颜陈和尚等主将先后战死，金哀宗逃至归德府，妄想在四川重振金国，但被宋军击败。

公元 1234 年，金哀宗在蔡州被围困数月，传位给完颜承麟后上吊殉国。自此，金国自金太祖完颜阿骨打建国一百二十年后，被南宋、蒙古所灭。

## 女真人吃什么

女真人的饮食较为贵重精致的有：软脂、面食、肉盘子、潜羊、酒等。

软脂，就是今天的馓子。是一种用糯粉和面，加少许盐，再捻成细细的环钏形状，用油煎成的。

肉盘子，是女真人举行重大宴会时的主菜。他们把肥猪肉切成大块，装成小盘，上面还要插三根青葱。

潜羊，则是连皮的全羊，一般是富贵人家用来招待贵客的。

女真人喝酒不用下酒菜，一般都是吃了饭再喝酒，或者是喝了酒再吃饭。喝酒的时候，也不是一人一个酒杯，而是用一个木勺或杯子依次传递，每传饮一次，称为一行。

此外，女真人的饮品还有茶与奶茶。